悪いのは、
あなたじゃない

心理カウンセラー
Poche《ポッシュ》[著]

ダイヤモンド社

あなたの心を守るために、
どうか忘れないでください。

相手が誰であろうと、
あなたを傷つけるような言葉を
受け入れる必要はありません。

はじめに

「過去に言われた言葉が忘れられない」
「怒りを抑えられない」
「貯金したいのに、買い物がやめられない」
「何でも先延ばしにしてしまう」
「相手の顔色が気になりすぎる」
「他人からマウントをとられやすい」

カウンセリングには、このようにさまざまな悩みを持った人が訪れます。
自分なりにいろいろ試してみたけれど、やっぱりうまくいかなくて、同じ失敗を繰り返してしまう……そんな自分を繰り返し責めて、落ち込む人をたくさん目にしてきました。

頑張ってもうまくいかないのは、あなたのせいではありません。悩みの原因は、当人の思いもしない意外なところにあることが多いのです。

カウンセリングを通して悩みの原因にたどりついた時には、「まさか、あの時のことが原因だったとは！」「これくらいのこと、と思っていました！」などと、驚かれることがほとんど。長い間抱えている悩みや不調ほど、思いもよらないところに原因があるのです。

実際のカウンセリング現場においては、「やっと腑に落ちた」「とてもスッキリしました」「安心しました」と、多くの方がポジティブな気持ちになってカウンセリングを終えられます。

原因を知ったところで何も解決しないと思われるかもしれませんが、あなたを悩ませていることの本当の原因に気づくことができれば、自分の心や体が軽くなることを実感できます。

「こんな私でも、変われるのでしょうか」

「私は、今より良くなるのでしょうか」

これは、はじめてカウンセリングに訪れた人から、よく聞かれる質問です。

もしかするとあなたも、このような不安を抱きながら、本書を手に取ってくれているかもしれませんね。

だけど、あなたなら大丈夫。

なぜなら、この本を手に取った時点であなたは、良い方向へ変化しつつあるからです。

『悪いのは、あなたじゃない』というタイトルのこの本を手に取ったということは、心のどこかで「自分のせいではないこと」に気づいている可能性があります。何でも自分のせいだと思って落ち込んだり、自信をなくしてしまったりするあなたが、自分のせいではないと納得するための心の準備が整ったということです。

実は自分のせいではなかったということに気づき、納得できるようになると、自分を責めることが激減します。さらには、辛く苦しい過去から解放され、疲れにくく、毎日を楽しむ心の余裕も生まれます。

この本を通して、あなたが今よりもっとラクに生きるためのヒントを見つけられるように願っています。

心理カウンセラー　Poche《ポッシュ》

『悪いのは、あなたじゃない』目次

CHAPTER 2

今から「自分軸」で生きる

CHAPTER 4

今より少し心が軽くなる

本書で紹介している実際の相談事例につきましては
個人を特定できないよう内容に一部変更を加えています。

CHAPTER 1

「親の影響」から逃げていい

人と話していると「喜ばせなきゃ」「楽しませなきゃ」「いいことを言わなきゃ」と思ってしまう

人と話していると「喜ばせなきゃ」「楽しませなきゃ」「いいことを言わなきゃ」と思ってしまう

人と話すことを心から楽しめる人もいれば、人と話すことで疲れてしまう人もいます。どちらが良い悪いということはありません。楽しめるかどうかの差というのは、**人と話す時に自分が何を気にして、何を心がけているかの差**です。

人と話すことを心から楽しめる人は、相手よりも自分に関心が向いています。

このタイプの人が気にしているのは相手ではなく、自分自身なのです。だからこそ、自分が何を言いたいのかを最優先事項として実行し、話すことそのものを楽しみます。極端なことを言うと、**相手がつまらなそうだとしても自分が気分よく話せれば、「ああ、楽しかった」と思えます。**

でも、人と話すことで疲れてしまう人の場合は、違います。

人からどう見られるのかを気にする人の場合、一番の関心は相手の反応に向きます。**これを言ったらどう思われるだろうか、変だと思われないだろうかなどと、相手の反応を予想しながら話します。**自分が話す内容、さらには話した事柄に相手がどう反応するのかを瞬時にシミュレーションするため、思考はフル回転。

「ああ言えばよかった」「こんなふうに勘違いされたかも」など、ひとりでもんもんと考えてしまうタイプの場合は、頭が休まりません。寝ている間も無意識に考え続けてしまうことが多く、朝起きた時からしんどいと訴える人は珍しくありません。

そのほか「自分なんかと話していてもつまらないのではないか」という不安、さらには「自分は人を不快にさせる」という強い思い込みを抱えている場合、一番の関心は相手を不快にさせないことに向きます。

何を言えば相手を怒らせないか、何を言えば空気が悪くならないかなど、余計な一言を言わないように気を使います。自分が楽しいかどうかは重要ではなく、相手を不快にさせないことが最優先事項。**表情や仕草から相手が不快になっていないかどうかを読み取ろう**

とするため、雑談するだけでも疲れてしまいます。

誰かが笑顔だとホッとしたり、誰かを楽しませることに喜びを感じるタイプの場合、一番の関心は相手を喜ばせることに向きます。だから、もし仮に自分が気分よく話せたとしても、相手がつまらなそうだと分かると、「ああ、楽しかった」とは思えません。それどころか**「自分ばかり話しすぎてしまったかな」と反省したり、「あの言い方は良くなかったかな」と自分を責めたり、「相手は嫌な気持ちになったのでは」と不安になったりします。**自分が楽しむことよりも相手が楽しそうであることを重視するからです。

自分が楽しくても相手がつまらなそうならそれは、このタイプの人にとっては失敗であり、ダメなことだと感じます。

1つ、実際にあった相談事例をご紹介します。

実際の相談事例

とにかく人間関係で疲れてしまいます。何か意見を求められても、相手が何を求めているのか？　何を言ったら喜ぶのか？　相手が言ってほしい答えは何か？　について考える思考が染みついていて……。

自分の意見を言えたとしても、相手が不満そうだと「ああ、言わなきゃよかったな」と思いますし、かといって言わないままだと、「本当はこう思っていたのにな」とモヤモヤします。

どちらにしても後悔するので、どうしたらいいのか分からなくなってしまいました。

この相談者Iさんの場合、相手を喜ばせることが最優先事項となっていることが、人間関係で疲弊する一番の原因でした。自分が言いたいことよりも相手が言ってほしいことを選び、自分の機嫌よりも相手の機嫌を優先し、自分が楽しむことよりも相手が楽しむことを大切にするのが、当たり前になっていました。

相手を優先することがダメだ、と言いたいのではありません。相手を優先することに不満やストレスを感じていないのなら、それはそれでいいのです。**相手を楽しませ喜ばせることで、あなたが心から楽しみ喜ぶことができるのなら、まったく問題ありません。**

ですが、Ｉさんは自分の意見が言えない状況に、次第にストレスを感じるようになっていました。このように、**今の状況がストレスになっている場合には、なぜ楽しませなければいけないと思ってしまうのかについて知る必要があります。**

Ｉさんの場合、人を楽しませなければいけないという思い込みは、子どもの頃につくられていました。

子どもの頃は、大好きなお母さんを喜ばせるために、勉強やお手伝いを頑張っていたＩさん。自分の意見を言うとお母さんが悲しんだり、「誰のおかげで生活できていると思っているの⁉」と怒ったりした経験から、自分の意見を言うのは良くないことだと思い込むようになったのだといいます。母親に合わせ、母親の望む言葉を言うことで、母親を喜ばせようと努力を重ねてきました。

人は、子どもの頃に親との関係を通して、「〇〇をすると、何が起こるのか」を学びます。しかし、**この時期に学ぶ事柄は親の価値観に大きく影響されたものなので、すべてが正しいとは限りません。**カウンセラーとしての経験上、生きるうえで弊害になるような事柄を植え付けられてしまうことのほうが圧倒的に多いのです。

Ｉさんの場合は、「自分の意見を言うと、怒られる」「自分の意見を言うと、悲しませる」ということを学んでいました。その結果、**自分の意見を言うのは良くないことだという、強い思い込みに苦しめられてしまうように**なったのです。

この事実に気づいたＩさんは、「子どもの頃の経験から自分の意見を言うのは良くないと思い込んでいただけで、自分の意見を言うことは悪いことではない」ということに納得しました。新しい気づきを得たＩさんは、「これが食べたい」「私はこっちがいいと思う」など、**小さなことから自分の意見を伝えることに挑戦するようになりました**。そして、**自分の意見を伝えても、必ずしも人が怒ったり悲しんだりするわけではない**、ということを学んでいったのです。

このように過去の何がどう影響を与えているのかについて気づき、納得することは、その影響から抜け出すための大きな一歩となります。

誰かを楽しませたい、喜ばせたいと思うことそのものは、素敵なことです。ですがその思いがあまりに強くなりすぎると、自分自身を苦しめてしまいます。

だからこそ、相手を喜ばせる、相手を楽しませるということを標準装備にせず、オプションとして使えるようにしていきましょう。

相手を喜ばせることは最低条件でもなければ、当たり前のことでもありません。相手を喜ばせるようなことを言わなくてもいいということを知り、そのうえで、**相手を喜ばせられなくても大丈夫**と自分自身に許可を出すことが大切です。

あなたを生きづらくさせている過去の思い込みは、**あなたが自分らしく生きていくための新しい価値観に書き換えていきましょう。**

怒りなどの感情は分かるが、楽しい！　嬉しい！
といった感情がよく分からない

怒りなどの感情は分かるが、楽しい！ 嬉しい！ といった感情がよく分からない

喜怒哀楽、人が抱く感情は実にさまざまです。

そして、どのような時にどのような感情を抱くかは、ひとりひとり違います。

お店のレジで順番待ちをしていた時に、後ろの人に割り込まれてしまった場面をイメージしてみてください。あなたは、どのような気持ちになりますか？

「順番を抜かすなんて非常識だ！」と怒りが出る人もいれば、「なぜ順番を抜かすのだろう」と悲しくなる人もいます。「私が先に並んでいました」とハッキリ言う人もいれば、言えずに落ち込む人もいます。順番を抜かされたという、目の前の状況を飲み込めず混乱する人もいます。

このように、同じ場面に遭遇したとしても、どのような感情が出てくるのかは個人差が大きいのです。この、**どのような感情が出てくるのかに影響を与えがちなのが幼少期の家庭環境です。**

例えば、どうしても手に入れたいおもちゃがあったとしましょう。

子どもの頃、かんしゃくを起こすと親が買ってくれた経験が多い場合は、大人になって何か欲しいものがある時に「怒り」を使うようになります。

泣いたり駄々をこねたりすることで親が買ってくれた経験が多い場合は、大人になっても何か欲しいものがある時に泣いたり、相手の罪悪感に訴えたりしやすいです。

欲しいということを親に言えなかったり、言っても買ってもらえなかったという思いが強い場合は、大人になって何か欲しいものがあっても我慢しやすい傾向があります。さらには、**自分の欲求をあまりに抑え込んできた場合、「欲しい」という欲求そのものが出にくくなることもあります。**

大人になった時に出やすい感情というのは、小さな頃のあなたが「どの感情なら親に通用するだろうか」「どの感情なら怒られないだろうか」を試し続けた結果なのです。

さらには、**この出やすい感情というのは、しばしば別の出にくい感情の代わりとして使われます。**少しイメージが湧きにくいと思うので、先ほどの「どうしても手に入れたいおもちゃがあった場合」を例に考えてみましょう。

かんしゃくを起こしたら買ってもらえたという成功の裏には、泣いても買ってもらえなかったという失敗が隠れていることがあります。このような経験が積み重なることで、「悲しみは感じないほうがいい。怒りなら通用する」という思いを強くしていきます。

この場合、出やすい感情は怒り、出にくい感情は悲しみです。悲しいことがあっても、悲しみの代わりに怒りを使うようになるのです。

嫌なことを言われて本当は悲しい時に、「こんなことを言うなんて失礼なやつだ！」というふうに、悲しみを怒りで覆い隠してしまいます。**あまりに怒りが大きい場合、自分が悲しんでいるとは気がつきません。**

泣いたら買ってもらえたという成功の裏には、かんしゃくを起こしても買ってもらえなかったという失敗が隠れていることがあります。すると「怒りは感じないほうがいい。悲しみなら通用する」ということを学びます。

この場合、出やすい感情は悲しみ、出にくい感情は怒りです。先ほどの例とは反対に、怒りの代わりに悲しみを使うようになります。

嫌なことを言われて本当は腹が立っている時に、「こんなことを言われて悲しい……」というふうに、怒りを悲しみで覆い隠してしまいます。

1つ、実際の相談事例をご紹介します。

実際の相談事例

自分がまるで子どもの頃に見ていた母のようで、嫌気が差します。

私の母は、いつも不機嫌で、何かあるとすぐ怒る人でした。笑っていたり、楽しそうにしていたりする姿はほとんど記憶にありません。私は絶対あんな大人にならない、もっと素敵な大人になるのだと思っていたのに……気づけば私も母と同じように、怒ってばかりいます。

なんでこんなに怒りばかり出てくるのでしょうか。母親からの遺伝でしょうか？

Tさんの場合は怒りがあまりに強いことに悩んでいたので、出にくい感情がなんなのかを探すため、子どもの頃の母親とのやりとりで今も覚えていることについて質問しました。

Tさんが語ったエピソードは3つありました。

1つめは、こんな楽しいことがあったと母親に話した時に、「あんたは気楽でいいわねぇ」とギロリとにらまれ、ため息をつかれたこと。「ああ、楽しい話はしちゃいけないんだな」と思ったそうです。

2つめは、運動会のかけっこで3位になって喜んでいた時のこと。その姿を見た母親から、「よくもまぁ、3位で喜べるわね。お母さんはいつも1位だったわよ」とあきれられたこと。「1位じゃないと喜んじゃいけないんだ」「大したことないのに喜んだらダメなんだ」と落ち込んだといいます。

3つめは、歌やダンスが好きで、テレビを見ながら踊っていた時に「うるさい！　あっちに行け！」と怒鳴られたこと。このようなことは何度かあり、「楽しそうにしていたら怒られる」「お母さんは私が楽しいのが嫌なんだ」と確信したといいます。

楽しい話は聞いてもらえない、喜んでいたら嫌なことを言われる、楽しんでいたら怒られる……。

このような経験を繰り返すうちにTさんは、「嬉しい」「楽しい」という気持ちを抑え込むようになりました。その代わりの感情として、怒りを強く感じるようになったのです。

Tさんの場合は「怒りっぽいのは母親からの遺伝では」と不安に感じていましたが、そうではありません。**抑え込んだ感情（嬉しい・楽しい）が大きければ大きいほど、その代わりとなる感情（怒り）も大きくなっていくのです。**

Tさんのように、出やすい感情が大きくなりすぎて困っている場合には、出にくい感情がなんなのかを探してみましょう。**そのための手掛かりとなるのが、子どもの頃の親とのやりとりです。**今も思い出すエピソードがあれば、その中に何かヒントが隠されているかもしれません。

出にくい感情というのは、子どもの頃に親とのやりとりを通して、**「出してはいけない」「出さないほうがいい」と学んだ感情**です。

大人になった今のあなたが、出にくい感情を出すことを許可してあげることができれば、出にくい感情は「出やすい感情」へと変化していきます。すると、**出やすい感情と、出にくい感情のバランスがとれるようになり、出やすい感情だけが大きくなりすぎることがなくなります。**

Tさんのように怒りが大きすぎる場合は、怒りが小さくなり、その代わりに楽しみや喜びを感じられるようになりますよ。

イライラ
イライラ
イライラ
イライラ
提出期限ギリギリになったから!?
おせーよ
それとも……
私がトロいか
私のせい?
人の顔色や機嫌が気になりすぎてしまう。
このことを誰かに相談すると
気にしなければいいじゃん?
気にしすぎでしょ
放っておけば?
そんなことで悩んでるの??
なんて言われてしまう。
それでも気になっちゃうし、放っておけない。
そんな自分にますます落ち込む……。

相手の顔色、機嫌、その場の空気が気になりすぎる

相手の顔色や機嫌、その場の空気が気になりすぎてしまうことはありますか？
気になりすぎてしまう自分はおかしいのでは……と思い悩む人は多いのですが、実はおかしなことではありません。

試しに、Bさんに怒られてAさんが悲しんでいる場面を想像してみてください。
気になりすぎてしまう人というのは、Bさんの怒りの感情や、Aさんの悲しみの感情がダイレクトに自分の中に入ってきます。怒りがもつ強いパワーに圧倒されて心臓がドキドキしたり、悲しみに共感して自分まで悲しくなったりしてしまうことがあります。

相手の感情が、まるで自分の感情のように入ってくるのです。

ですが、相手の感情が自分の中に入ってきた時に、何を強く感じ、どのような行動に出るのかには個人差があります。

ある人は「私が、Ｂさんの怒りを鎮《しず》めなければいけない」と責任を感じるかもしれませんし、またある人は、「これ以上Ｂさんを怒らせないように気をつけよう」とおとなしくするかもしれません。

Ａさんの悲しみに強く共感した人は、「なんと声をかけようか」「励まさなきゃ」と、思考をフル回転させるかもしれません。「なぜＢさんはあんなに怒ったのだろう」「Ａさんも何かできることがあるのではないか」と、本人以上に深く考え込んでしまうこともあるでしょう。

このような行動の違いを生むのが、その人が生まれ育った家庭環境の差です。

子どもの頃に何を気にしてきたのかが、何を強く感じるのかに影響を与えます。

例えば、子どもの頃に親の顔色や機嫌をうかがってきた人ほど、大人になった時に相手の顔色や機嫌をうかがいます。子どもの頃に家庭内の空気を気にしてきた人ほど、大人になった時にその場の空気を気にするようになります。

さらには**子どもの頃、親に対してどのような行動をとってきたのかが、何かを感じたあとにどのような行動に出るかに影響を与えます。**これについて、子どもの頃に親の顔色や機嫌をうかがっていた場合を例に考えてみましょう。

例えば親が、見るからに不機嫌でいら立っていたとします。

この時、「不機嫌だから話しかけないでおこう」とおとなしくする人もいれば、「機嫌を直してもらわなければ」と思考を巡らせる人、「怒られないように何かお手伝いをしよう」と行動する人もいます。

親が不機嫌な時には、話しかけたほうがいいのか、話しかけないほうがいいのか。親がいら立っている時には、おとなしくしていたほうがいいのか、機嫌を取るために行動したほうがいいのか……。

親はどうしてほしいのか、どうすれば自分に一番被害が及ばないのかを子どもなりに考えた結果が、行動となって表れます。

1つ、実際の相談事例をご紹介します。

実際の相談事例

人の顔色や機嫌ばかりが気になってしまうことに、困っています。

自分も仕事で手いっぱいなのに大変そうな人がいたら声をかけてしまうし、疲れている時でさえ誰かの相談に乗ってしまったり。そのせいで体調を崩してしまったことも、何度もあります。

別のクリニックでは「気にしなければいい」「放っておけばいい」と言われましたが、それができません。

せっかくアドバイスをもらったのに、気にしてしまうし、放っておくこともできない……そんなダメな自分に落ち込んでしまいます。


相談者Uさんは、人の顔色や機嫌ばかりが気になること、一度気になってしまうと「この人を助けてあげなければいけない」という思いにかき立てられることに困っていました。

自分が疲れている時や、相手を助けられる余裕がない時でさえ、「助けなきゃ」と思って行動してしまうのだといいます。

「助けたい」と思える気持ちは、素敵です。でも、Uさんの場合は「助けたい」という思いよりも、「助けなければいけない」という義務感やプレッシャーに押しつぶされていました。

Uさん自身も、なぜそうまでして助けようとしてしまうのか、よく分かっていませんでした。なぜだか分からないけれど「助けなければいけない」という思いがあふれて、気がついたら助けるために行動してしまっていたのです。

このように、**なぜだか分からないけれど「やってしまう行動」というのは、過去のできごとが無意識下で影響を与えていることが多いです。**そこでUさんの子どもの頃について、話をうかがいました。

「私の家は母子家庭でした。私が一番上だったので、少しでも母の負担を減らそうと家事を覚えたり、下の子の世話をしたり。仕事から帰ってきた母の愚痴を聞いて、励ましたり慰めたりもしてきました。子どもの頃からずっと、友達や恋人よりも、母を優先してきました。母に強制されたわけではありません。ただ私は、大好きな母に笑っていてほしかったんです」

親の顔を見て「悲しそうだ」と思えば声をかけ、「疲れている」と気づけば先回りして家事をこなし、「機嫌が悪そうだ」と思えば愚痴を聞く。Uさんの場合は、母親に笑っていてほしいという一心で磨いた親を気遣うスキルが、他人にも発動していました。

その結果、困っている人がいたら「助けなければ」と手を貸し、落ち込んでいる人がいたら「話を聞かなければ」と行動してきたのです。子どもの頃に親にしてきたように、他人に対しても同じように接していました。

「子どもの頃のことが、大人になっても影響するなんて……」と驚く方は多いのですが、**記憶にないほど昔のことでさえ、大人になったあなたに影響を与えることがあるのです。**

このことが分かる、「リトルアルバートの実験」をご紹介します。赤ちゃんが白いネズミに触ったら、その瞬間に背後でドラをドーンと鳴らす実験です。

赤ちゃんは本能的に大きな音が嫌いなので、ドラが鳴るたび泣き出してしまいます。こんなことを何度か続けているうちに赤ちゃんは、白いネズミが嫌いになります。それは、「白いネズミを触ると、怖いことが起こる」ということが赤ちゃんの脳にインプットされたからです。それだけではありません。この赤ちゃんは、白いネズミだけではなく白いもの全般（白衣、白ひげのサンタクロース）を嫌うようになりました。

このように子どもの頃に植え付けられた経験というのは、脳に強烈にインプットされてしまいます。そして無意識に、大人になっても影響し続けます。

子どもの頃に植え付けられた経験というと、親に何かを強制されたり、親からひどいことをされたりしたとイメージする人が多いのですが、必ずしもそうとは限りません。親に何も強制されていなくても、お母さんを助けたいと思うことがあります。お母さんに笑っていてほしいと、Uさんのように頑張ることもあります。

重要なのは**どんな親だったかとか、親が何をしたかではありません。**

親との関係の中で、あなたが親に何を感じ、何を頑張り、何を心がけてきたかなのです。

もしも今、あなたが何かが気になりすぎて困っているのだとしたら、**気になりすぎた時に何を感じ、どう行動しているのかを振り返ってみてください。**

もしかするとそれは、子どもの頃に親から求められたものだったり、「してあげたい」「しなきゃいけない」と思ってあなたが心がけてきたことではないでしょうか？

気になりすぎてしまうことが実は、子どもの頃に親に対して気をつけていたことだと分かれば、**大人になった今はもう、そこまで気にしなくてもいいと、自分で自分に許可を出してあげられます。**

子どもの頃、親に対して頑張っていたことを無意識に他人にも頑張っていたと分かれば、そうまでして頑張らなくていいと思えるようになっていきます。

なぜだか分からないけれどやってしまう行動が実は、子どもの頃から親にやってきたことだと分かれば、行動するかどうかを選べるようになっていきます。

何かが気になりすぎて困ってしまったら、**「してあげたい」「しなきゃいけない」と思い込んでいないか**振り返ってみてくださいね。

過去の影響から抜け出す第一歩は、気づくことです。

気づければ、抜け出すための方法を見つけていけます。

毎日仕事に行って、家に帰ってご飯を作ってスマホをいじって寝るだけ。
トボトボ
寝たら朝がきてしまう……
世の中の人たちはみんな楽しそうなのに
行楽地は観光客で賑わいをみせています！
500
1万
私だけが、楽しくない。
でも私が楽しいことって何？
私は何がしたいの？
それさえ分からない。
スマホゲームも飽きたなー
自分のしたいことが分からなくなったのはいつからだろう。

みんなは楽しんでいるのに、自分だけが人生を楽しめないように感じる

「なんだか毎日つまらない」
「なんだか楽しくない」

このような悩みを抱える人が、ここ数年でぐっと増えました。

このようなことを誰かに相談した時、「好きなことをしたらいい」「楽しいと思うことをしたらいい」「とりあえずやってみればいい」というようなアドバイスを受けることがあります。「その通りだな、やってみよう」と思えるなら、それはそれでＯＫです。

ですがこのような悩みを抱える人の多くは、**好きなことが分からなかったり、したいことが出てこなかったりします。**

とりあえずやってみるほどの元気がなかったり、やる気が出なかったりすることもあります。

急に「毎日がつまらない」と感じるようになったのなら、心や体の疲れがたまっている可能性があります。疲れている時にはいろいろなことをネガティブに捉えてしまいやすいのです。

この場合には、たっぷり寝て体を休ませ、好きなものを食べて心を満たすことで、体や心が回復します。

急に毎日がつまらなくなると、焦ったり不安を感じたりしてしまうと思いますが、そんな時こそ慌てないでおきましょう。風邪をひいた時に無理をすると長引いてしまうのと同じで、疲れている時に無理をすると回復が遅れてしまいます。**無理せず休むことが、「毎日がつまらない」から抜け出す回復の近道**です。

もう何十年も毎日がつまらないと感じているのなら、疲れとはまた別の原因が考えられます。

1つめの可能性は、**「楽しむことは良くないことだ」という思い込みがブレーキをかけていること**。

過去に誰かから楽しむことや幸せであることを嫉妬されたり、身近な大人たちの影響で「楽しむのは良くないこと」「苦労しなければいけない」と植え付けられてしまったりすることがあります。

そのほか、先述した27ページのTさんのように、親の態度から「楽しむことは良くないことだ」と思い込んでしまうこともあります。

2つめの可能性は、**そもそも自分の好きなことや楽しいことが分からない**ということ。

親を喜ばせたい一心で親の好きなものを選んできたり、親に逆らうことが許されず親の好きなものを選ぶしかなかったりしたような場合は、自分の好きなものを選んできた回数が圧倒的に少ないです。その結果、**親の好きそうなものは分かるのに、自分の好きなものやしたいことが分からなくなってしまう**ことがあります。

そのほか、**過去に自分の好きなものを強烈に否定されたり、からかわれたりして傷つい**

た経験があると、「好き」という感情そのものを抑え込んでしまうこともあります。過去の嫌な経験から、好きなものについて語ると傷つけられる、とインプットされてしまっているからです。

この場合には、「子どもの頃は好きなものがあったはずだけれど、大人になった今は好きなものが分からない」と感じることが多いです。1つ、実際の相談事例をご紹介します。

実際の相談事例

好きなこと、したいことが分かりません。だから毎日、つまらないです。仕事に行って、家に帰ってご飯を作って、寝るだけ。これといった趣味もありません。何が好きなのかもよく分かりません。何かがあったとか、急にそうなったとかいうわけではなく……たぶん、子どもの頃からずっとです。人として何か欠けているのではないかと思うことさえあります。

Iさんの場合は、急に毎日がつまらないと感じたのではなく「子どもの頃からずっと」ということで、好きなことやしたいことが分からなくなった原因は過去にありました。

幼稚園に通っていた頃、Iさんには好きな色がありました。でも、その色は性別に「らしくない」色であるという理由から、親は性別に合った色の服を着るように強制しました。Iさんが「この色は嫌い。着たくない」と訴えると、「お前はおかしい」「お前のせいで、親までおかしいと思われる」「親の顔に泥を塗るな」と、母親から怒られたそうです。

さらには、小学生の頃は漫画が大好きだったIさんですが、「こんなものを読んでいたらばかになる」「人生の役に立たない」という理由で、父親に勝手に捨てられたこともあったといいます。

これらについて話し終えたあと、Iさんは「好きなものについて思い浮かぶのは、この2つくらいです。それ以降は、好きとか嫌いとか甘いことは考えずに、やるべきことをやって生きてきました。おかげでそれなりに勉強はできたし、今の会社に入ることもできましたが……」と肩を落としました。

Ｉさんの場合は、過去に好きなものを否定されたことの積み重ねが、好きなものやしたいことが分からない原因でした。

好きなものがあっても否定される、したいことがあっても許されない……このような辛い経験が繰り返されると、「好きなものやしたいことなんて、ないほうがいい」と無意識に思い込みます。

好きなものがなければ否定されないし、したいことがなければ傷つくこともないからです。**傷つくことから自分を守るための１つの手段として、「好き」や「したい」を感じなくなってしまう**のです。

自分の人生がつまらなく感じたり、したいことや好きなことが分からなくなった時には、**いつ頃からそう感じるようになったのか**振り返ってみましょう。

それが最近のことならば、この節の冒頭でお伝えしたように、体や心を休めるだけで辛い状況から抜け出せることがあります。

そのように感じるようになったのが相当前のことであれば、Ｉさんのように子どもの頃を振り返ることで、今抱えている悩みの原因が見つかることがあります。

原因が分かったあとは、好きなことや、したいことをすることについて、自分自身に許可を出すようにします。子どもの頃は、好きなこともしたいことも親に否定されたかもしれませんが、**これから先の人生に親の許可は必要ありません。**

大人になったあなたはもう、あなたの足で生きていけます。

大丈夫ですよ。

締め切りまでまだまだ余裕があるのに
「早くしなければ」という思いにかき立てられる

締め切りまでまだ余裕があるのに「早くしなければ」という思いにかき立てられる

あなたは、自分の時間の使い方に満足をしていますか？

それとも、いつも時間が足りないと感じていたり、何かに追われているように感じていたりするでしょうか？

時間の使い方は、人によってクセがあります。締め切りギリギリにならないと頑張れない人もいれば、締め切りに余裕がないと落ち着かない人もいます。

ですがここでお伝えしたいのは、どちらが良い悪いという話ではありません。**この時間の使い方のクセというのは、多くの場合、子どもの頃から変わっていない**ということなのです。

大人になった時、提出物が締め切りギリギリになってしまう人というのは、小学生の頃からギリギリまでやらないタイプのことが多いです。例えば、夏休みの宿題を8月後半に大慌てで終わらせるようなタイプです。

「こんな自分を変えたい」とおっしゃる人も多いのですが、締め切り前に余裕を持って終わらせられるのが良くて、締め切りギリギリになるのが悪い、ということはありません。締め切りに間に合わせることができているのであれば、ギリギリになって頑張るタイプなのだと割り切ってしまうのも1つの手です。ギリギリまでやらないというと聞こえは良くないかもしれませんが、ギリギリになると一気に頑張れるタイプともいえますから。**締め切りに余裕があるタイプとは、やる気を出すタイミングが違うだけ**です。

問題になりやすいのは、提出物が締め切りに間に合わないタイプです。

子どもの頃から提出物を期日までに出すのが苦手という人が多く、先生や親から叱られた経験から「自分＝締め切りを破る」という**ネガティブなレッテルを自分自身で貼ってしまっている**こともあります。

子どもの頃、親に「提出物は？」「出したの？」と言ってもらえればできたタイプの場合は、リマインダー機能（あらかじめ設定した日時に通知をする）などをうまく使うことで締め切り前に提出できるようになります。親に「提出物は？」と言ってもらう代わりに、リマインダーに知らせてもらうというわけです。うっかり忘れてしまうタイプの人には、この方法が有効です。

あれこれやることが頭に浮かんで、肝心のやらなければいけないことが後回しになってしまうタイプの場合には、To Doリスト（やることをリストアップしたもの）を併用するのも効果的です。

カレンダー、リマインディング、To Doリスト、If Thenプランニング、タイムログ、……。世の中には時間を賢く有意義に使うための手法がたくさんあります。これらの手法で救われる人がいる一方、ますます自分を苦しめてしまう人もいます。

自分を苦しめてしまいやすいのが、締め切りまでまだ余裕があるのに、早くしなければという思いにかき立てられてしまうタイプの人です。

もしあなたがこのタイプだとしても、**早めに終わらせたあと、ゆっくりとリラックスして休めるのであれば特に問題はありません。**初めにゆっくりして締め切りギリギリに仕事を終わらせるのか、締め切りに余裕を持って終わらせたあとにゆっくりするのか、という時間の使い方が違うだけです。

ですが、**締め切りに余裕を持って終わらせたあとに、休むことなく次の仕事に取りかかってしまう場合は注意が必要です。**本人がそれでよしと思えているのならいいのですが、本人の意思とは別に「やらなきゃ」「急がなきゃ」とせき立てられて動き続けている場合にはストレスがたまります。

1つ、実際の相談事例をご紹介します。

実際の相談事例

会社の人間関係について悩んでいます。同じグループの人たちが、ちゃんと仕事をしてくれないのです。

締め切りギリギリまで提出物を出さないくせに、休み時間に楽しそうに談笑しているのを見ると腹が立ちます。これまでは「早めに提出を」と声をかけてあげていましたが、グループ長との面談で「同じグループの人たちから締め切り前にせかされるのはプレッシャーだという不満が出ている」と聞かされました。今、思い出すだけでも腹が立ちます！　私、間違ってないですよね？　それなのになぜ、仕事をしない人たちから文句を言われなければいけないのでしょうか！

相談者Sさんは、「締め切り1週間前には提出物を出す」というポリシーを持っていました。このポリシーを持つことそのものはまったく問題なく、むしろ周囲からも「Sさんは締め切りに余裕を持って出してくれるから助かる」と信頼されていました。

ですが、Sさんは次第に、自分のポリシーを周囲にも押し付けるように。締め切りギリギリまで提出しないという理由で、周囲に怒りを抱くようになっていきました。周囲の人たちは締め切りを守っているにもかかわらず、です。

人は、自分に不利益が生じるような場合に、怒りを感じることがあります。そこで私は「周囲の人が締め切りギリギリに提出すると、Sさんにはどのようなデメリットがありますか？」と質問をしました。すると「特に私にはデメリットはありません。ただ、ギリギリまで出さないという態度に腹が立つんです！」とSさんは言いました。

Sさんは実は、締め切りギリギリまで提出をしないという事実そのものに怒っていたのではありませんでした。ギリギリまで提出しないという、相手の態度に腹を立てていたのです。

自分がばかにされているように感じたり、自分がないがしろにされているように感じたりした時、人は相手の態度に対して怒りを感じることがあります。

Sさんは子どもの頃、親や祖父母から「早めに行動すること」「言われる前に察して動くこと」を強く求められていました。察して早めに行動できない時には、「親をばかにしているのか!?」「なんだその態度は！」と怒られたのだそうです。そのような子どもの頃の経験から、Sさんは「早めに行動するのは、当たり前。行動しないのは、相手をばかにしているからだ」という認識を持つようになっていました。

そのせいでSさんは、締め切りギリギリまで提出しない周囲の人たち、つまり早めに行動してくれない周囲の人たちに対して、**「自分をばかにしているのだ」という間違った認識を持ってしまっていた**のです。

カウンセリングで対話を繰り返していくうちに、Sさん自身も「提出期限ギリギリの周囲に対して腹を立てているのだと思っていましたが、自分をばかにされているようで嫌だったのかもしれない」という本音に気がつくことができました。

さらには、期限ギリギリに提出したとしても、それは自分をばかにしての行動ではないと理解することで、次第に周囲に対する強い怒りも消えていきました。

このように、子どもの頃に親から言われた言葉は、あなたが思っているよりも強く影響を及ぼします。Sさんのように、**自分では疑問に思いもしない、誤った認識が植え付けられていることもあるのです。**

なぜかそうなってしまうことがあったり、なぜか抑えられない感情があったりするのなら、その**「なぜか」について掘り下げて考えてみましょう。**

締め切りまで余裕があるのに「急がなきゃ」という焦りが出るならば、「なぜ急がなければいけないの？」「急がなかったらどうなるの？」と次々に質問します。質問の答えが出たら、**「それはどうして？」「どうしてそう感じるの？」**と、出てきた答えにさらに質問を重ねることで、Sさんのように**自分の本音にたどりつけます。**

なぜかそうなってしまうことから抜け出す一番の近道は、「なぜか」の答えを見つけること。

「なぜか」の原因が過去の影響だと分かったら、

「それは子どもの頃のことだから、今はもう必要ない」

「親がそう言っただけで、みんながみんなそう思っているわけではない」

という新しい認識で上書きしていきましょう。

では、志望動機を教えてください。
あっ、はい。
私は、面接が苦手。
本音を言おうとすると
志望動機は……
……。
じわっ
涙が出そうになってしまうから。
我慢できることもあれば本当に泣いてしまうこともある。
え、何？どうしたの!?
ガタッ
では、これからも頑張ってくださいね。
あ、はい……。失礼致します。
はい、次の人ー
バタン
悲しいわけでもないのになんで涙が出ちゃうんだろう……。

誰かに本音を言おうとすると涙が出る

面談や面接、会議など、自分の意見を言わなければいけない場面で、涙が出そうになったり、泣いてしまったりすることがあります。友達や恋人に自分の気持ちを冷静に伝えたいのに、涙があふれて止まらないこともあります。

こんな自分はおかしいのではないか……と思い悩み相談に訪れる人は多いのですが、**悲しくも悔しくもないのに涙が出るのには理由があります。**1つ、実際の相談事例をご紹介します。

実際の相談事例

就活中なのですが、面接の練習で泣きそうになってしまうことに困っています。

担当の先生に何か言われたとか傷ついたとか、そういうわけじゃありません。自分のことを話そうとしただけで、涙が出そうになるんです。それだけじゃありません。友達とけんかしたり、自分の本音を話そうとしたりした時にも、泣きそうになります。私はこう思う、こうしてほしいって冷静に伝えたいだけなのに、涙が出そうになって……。

「すぐ泣く」「泣けば済むと思っている」「考え方が甘いからだ」なんて言われたこともあって、本当に、本当に困っているんです。

悲しくもない時に涙が出てしまう理由は、主に3つあります。

1つめは、目を保護する役割を担う基礎分泌の涙。まばたきをすることで涙が一定の厚さで目の表面を覆い、目の乾燥を防ぐ役割があります。

2つめは、刺激を受けた時に出る反射の涙。ゴミなどが目に入った時に出る涙で、瞬時に異物を洗い流して刺激をやわらげてくれます。

3つめは、情動の涙。感情が高まった時に、涙腺が刺激されて涙が出ます。悲しい時や嬉しい時には水っぽくて甘い涙が、怒っている時や悔しい時はナトリウムの量が増えて、しょっぱい涙が出やすいといわれています。

Sさんの場合は、3つめの「情動の涙」が該当します。**涙腺を刺激するのは、ストレスです。**ストレスというと嫌なことをイメージするかもしれませんが、悲しみ、怒り、喜び、悔しさ、不安、緊張……感情が動くことはすべて、脳にとってストレスとなります。

Sさんは、子どもの頃から自分の本音を言うのが苦手でした。**自分の本音や気持ちを言うと、決まって家族から「あなたは変な子」「ふつうはそう思わない」「変わっている」と言われてしまったからです。**

Sさんは「自分の考え方はおかしいんだ」「私はふつうじゃないんだ」と思い込むようになり、次第に自分の本音や考えを言わなくなっていきました。

それからSさんは、周囲にひたすら合わせるようになりました。

自分がいいと思わない場合でも、友達が「これいいよね〜」と言えば、「うん、いいよね」と同意するようになりました。本音を言わずに合わせておけば、自分がおかしいと知られることはないと思ったからです。**本音を言う自由よりも、本音を我慢することで傷つかないことを選択したのです。**

さて。Sさんが面接の練習で泣きそうになってしまうことと、友達とのけんかで泣きそうになってしまうこと。この2つの共通点は、自分の本音や考えを言おうとしていることです。

過去に親に言われた言葉に傷ついたSさんは、「自分の本音や考えは言わない」という選択をして生きてきました。その結果、**本音や考えを言うことそのものがストレスとなって、涙腺を刺激してしまっていたのです。**

この場合に有効な方法は、本音を言うことに慣れてしまうことです。**本音を伝える回数が増えれば増えるほど、本音を言うことが当たり前になり、ストレスと感じなくなります。**

信頼できる人がいれば、少しずつ自分の本音を話してみるのもいいでしょう。**身近にそういう人がいない場合は、日記やノートに自分の本音を書き出すことから始めます。**

ただし、ＳＮＳに本音を書いて練習する場合は、「コメントや返信を非表示」にすることをおすすめします。匿名性の高いＳＮＳでは、肯定よりも否定的なコメントのほうがつきやすい傾向があるので、返信できるアカウントを限定したり、コメントそのものをつけられないようにしておいたりすると安心です。

Ｓさんのように、自分の本音を言うと否定されるという思い込みがある場合には、**否定的な反応をできる限り避け、「本音は言わないほうがいい」という思いを緩めていくことが大切です。**

それでもやっぱり本音を言うのが怖かったり、考えを言うことに抵抗があったりするかもしれません。本音を言わなければ生きていけないということはありませんから、それはそれで大丈夫ですよ。だから、**本音を言えない自分を責める必要もなければ、落ち込む必要もありません。**

とはいえ、面接や会議の場など、どうしても自分の本音を言わなければいけない場面もありますよね。そのような場合は、事前に練習を積み重ねて**「本音を本音ではなくしてしまう」方法を試してみましょう。**

その場でとっさに本音を言うのではなく、事前に考えておいたことを本番で言うのです。

事前に練習した答えを言うのであれば、脳はそれほどストレスを感じません。**自分の本音が、「練習した答え」に変化するからです。**

練習の初期段階では「自分の本音」なので涙が出そうになるかもしれませんが、練習を繰り返すうちに、だんだん涙が出なくなっていきます。

「練習していないことを聞かれたら、泣いてしまうのでは」と不安に感じる方もいるかもしれませんが、安心してください。本音を考え、繰り返し言う練習をしているうちに、本音を言うことに勝手に脳が慣れていきます。練習中に涙が出なくなる頃には、かなり本音を言うことに慣れてきているはずです。

本音を言えるようになるためには、それなりに練習が必要です。でも、これから練習するぞという時に、「そんなんじゃダメだ」「おかしい」だなんて責められたら、やる気がなくなってしまいますよね。

だからこそまずは、本音を言おうとする時に涙が出る自分を責めないことから始めてみてください。

涙が出る自分を責めることがなくなったら、次は自分を肯定する番です。過去の影響から本音を言わないほうがいいと思い込んできただけで、**実は本音が言える人なのかもしれないという可能性を信じることから始めていきましょう。**本音を言う練習は、そのあとで大丈夫です。

ありのままの自分を愛そう特集
ありのままのあなたで大丈夫♡
12,350
「ありのままでいい」がよく分からない。
ひぃっスマホ…っ
できない自分でOKなんて思えないし
バシャ
どーしたものか…
プニ
どんな自分も愛してあげるなんて、もっと無理。
そもそもありのままの私が誰かに受け入れてもらえるわけがない。
もっとがんばらないと
そんなんじゃダメ
どうしてみんなみたいにできないの？
私は、自分が嫌い。

自分で自分を好きになれない。自分に嫌悪感がある

ありのままの自分でいい、自己肯定感という言葉の普及とともに、「自分のことが好きになれない」「自分を大切にできない」という相談が増えています。

自分の容姿や能力に自信が持てないせいで自分のことが好きになれないこともあれば、誰かと比べてしまうことで「自分なんて」と思ってしまうこともあります。

ですが、最も深刻なのは「自分が嫌い」というケース。自分が好きになれないどころか、そもそも自分が嫌いだというケースはとても多いのです。

1つ、実際の相談事例をご紹介します。

実際の相談事例

ありのままでいいって、よく言うじゃないですか。私、そう思えないです。ありのままでいいどころか、自分のことが嫌いだし、嫌いを通り越して気持ち悪いとさえ思うことがあります。

だけどこんなふうに思ってしまうのは、すごく辛いし苦しいです。だから自分のことを好きになってあげたいと思うのに、どうしても好きになれません。

別のカウンセラーさんには「あなたは卑屈すぎる。もっと前向きに考えて、自分に自信を持ったほうがいい」と言われましたけど、自分のことが嫌いなのに、どうやって自信を持てというのでしょうか？

相談者Aさんは、自分のことが嫌いだと繰り返し伝えてきました。自分の何が嫌いかと質問すると、「何がとかじゃなく、全部。こんな私が、生きていていいのかなと思う」と答えます。

そこで私は、Ａさんの幼少期の家庭環境について詳しく話を聞くことにしました。このように**存在レベルでの自己否定が見られる場合は、幼少期の親との関係で深く傷ついていることが多いからです。**

あからさまな無視や虐待はもちろん、親から愛されていないのでは、親にとって自分は邪魔なのではと感じるようなことがあると、**子どもは「自分はいないほうがいい」「自分は愛される存在ではない」という思いを強く抱きます。**

本来ならば、一番認めてほしい人（親）に否定され、受け入れてもらえないと感じることは、「生きる価値がない」と突きつけられるようなもの。**親でさえありのままの私を愛してくれないのに、ほかの誰かが愛してくれるわけがないと苦しみます。**

決して大げさな話ではなく、子どもにとって親はそれほど大きな存在なのです。

次は、Ａさんが語った内容です。

「母は私だけが大切だと言ってくれますが、父のことはしょっちゅう悪口を言っています。私自身、父が不倫をしたと知ってからは、父のことを気持ち悪いと思っています。母と同じ気持ちです。実は私、父に仕草や顔が似ているとよく言われます。つまり母が大嫌いな父に、私は似ているということで……。だからなのか、私はそんな自分が気持ち悪いと思うし、父に似ている自分を好きだとは思えないのです」

Ａさんがここまで自分を嫌うようになった原因は明らかで、母親が父親（夫）の悪口を言い続けていたことでした。

夫が不倫をしているということを誰にも言えない母親は、Ａさんに夫の悪口を言うことで、なんとか気持ちを保っていました。Ａさん自身も、「母親は、私のためを思って離婚をせずに頑張ってくれた。だから、悪口くらいは聞いてあげなければと思った」と責任を感じていました。

ですが、**母親が父親の悪口を言うことは、子どもであるＡさんの否定につながります。**母親にとって父親と子どもは別物だとしても、子どもにとって父親は自分と血がつながった存在だからです。

これは母親に限った話ではなく、**父親が母親の悪口を言う場合や、祖父母が親の悪口を**

言う場合も同様です。子どもは間接的に、自分自身の存在を否定されたように感じてしまうのです。

両親には、Aさんを苦しめるつもりはなかったのかもしれません（意図的に子どもを苦しめるために父親の悪口を言うケースもありますが、今回の場合は該当していません）。母親にも何か事情があったのかもしれませんし、そもそも父親が悪いという意見もあるでしょう。

ですが、ここでお伝えしたいのは、誰が悪いとかそういう話ではありません。どのような事情があったとしても、親の言動はこれほどまでに子どもの考え方に影響を与えてしまうということなのです。

親に悪気がなくても、親にそのような意図がなくても、子どもの心が深く傷ついてしまうことがあります。

母親が父親を嫌っていることで、間接的に自分自身を嫌うようになったということに、

Aさんはカウンセリングを通して気づくことができました。自分自身が嫌いというよりは、「母が嫌いな父に似ている自分が嫌い」ということに気づいたのです。

さらには、母親が嫌っているのは父親であること、父親と自分は別の人間であることについても、時間をかけて理解していきました。カウンセリングから数か月たつ頃には、「昔ほど、自分のことが嫌いではなくなった」と笑顔を見せるまでになりました。

自分のことが好きだと思えるなら、それはそれで素晴らしいことです。ですが世の中には、さまざまな事情から自分のことを好きだと思えない人がいます。好きだと思えないどころか、Aさんのように自分に強い嫌悪を抱いている人もいます。

自分が好きではないとしても、自分が嫌いだとしても、まったくおかしなことではありません。**好きだと思えないのには、原因があるからです。**

生まれながらに、自分を嫌いな赤ちゃんはいません。赤ちゃんがはじめて出会い、最も密に触れ合う人、それが親です。つまりは**子どもの頃に親とどう関わってきたかが、「ありのままの自分でいいと思えるかどうか」に強い影響を及ぼします。**

誰もがうらやむ美貌や頭脳を持っていても、自分を嫌いなことがあります。自分を好きになるも嫌いになるも、周囲との関わりがあってのことなのです。

私がここでお伝えしたいのは、子どもの頃にありのままでいいと思わせてもらえなかったからあきらめるしかない、ということではありません。**あなたが今「ありのままでいい」と思えない原因は、あなたの何かが悪いとか何かが足りないせいではなく、子どもの頃にそう実感できなかっただけなのだ**ということを知ってほしかったのです。

大人になったあなたは、子どもの頃とは違って親に認めてもらえなくても生きていけます。子どもの頃は「その家」で生きていかなければならなかったわけですが、今はもう生きる場所を選べます。**誰とどう付き合うのかは、自分で決めていいのです。**

大丈夫。

今のあなたはもう、自分で自分を認めて生きていけます。

まずは自分が自分を信じてあげましょう。

自分の意見を言うのは得意じゃない。
何食べる？
何して遊ぶ？
えっと～
何かを決める時は誰かに相談しないと不安になるし
上司
企画
この件についてなのですが……。
何か1つ決めるのにものすごく時間がかかる。
さすが！
パチパチ
プランAでいきましょう！
決断早い！
ああなりたい!!
なんでも人まかせだね。
自分の意見、ないの？
それくらい自分で決めたら？
優柔不断。
私は昔から、何かを決めるのが苦手。
自分で決められるようになるには、どうしたらいいのだろう。

自分で何も決められないし、決めても自信を持てないし、自分の意思がないように感じる

自分で何も決められないように感じる
自分で決めたことに自信が持てない
何か１つ決めるのに、ものすごく時間がかかる
誰かに決めてもらうほうがラクだと思う

突然ですがあなたは、前記のように感じることがありますか？

なぜこのような質問をしたかというと、**自分で決められないこと自体は、ダメではないから**です。誰かに相談したほうがいい場面もありますし、何でもかんでも早く決断したほうがいいというものでもありません。世の中には自分が決めた通りにやりたいという人もたくさんいますから、あなたが誰かに決めてもらうほうがラクだとしてもいいのです。

ですが、もしあなたが、そんな自分をダメだと感じたり、変えたい、変えなければいけないと思っているのなら、1つ思い出してみてほしいことがあります。

それは、子どもの頃のあなたについてです。

あなたが自分で何か決めた時、親はどのような反応を示したでしょうか。

あなたの決断を応援したり、あなたの意見に理解を示してくれたりしましたか？ それとも、「あなたには無理」「あなたにはできない」など否定的なことを言われたり、賛成していないことを親の態度から感じ取ったりしたでしょうか？

自分の意見を親に否定されたことが多いと感じている場合は、自分の意見に自信が持てなくなります。**過去の親とのやりとりを通して、「自分の意見＝否定される」というイメージを他人にも抱いてしまうのです。**

そのほか、子どもが自分で決断する代わりに、親があれこれ手出しして決めてしまうこともあります。「お母さんがやってあげる」「お父さんの言う通りにすればいい」という親に従ってきた場合は、何かを決めることに慣れていません。「自分で何も決められない」

と落ち込んでしまう人は多いのですが、**実はできないのではなく、慣れていないだけなの**です。１つ、実際の相談事例をご紹介します。

実際の相談事例

何も自分で決められません。ランチのメニューや行き先でさえ、人に合わせてしまいます。たまに自分で決められることもありますが、これでいいのかと不安になってしまって、結局誰かに合わせてしまいます。自分で決めろと言われると頭が真っ白になって、答えが出るまでに恐ろしく時間がかかります。もっと苦しい人がいるだろうに、こんなことで相談してお恥ずかしい限りです……。

相談者Ｙさんは、自分で何も決められないことについて、夜も眠れないほど思い悩んでいました。それにもかかわらず、自分の悩みについて「こんなこと」と過小評価していたのです。

このような状況に陥った原因は、過去にありました。当時通っていた心療内科で同様の相談をした時、「あなたよりもっと辛い人がたくさんいる」「あなたはまだ恵まれている」と言われてしまったのです。それからは「これくらいで悩んではいけない」「私はまだマシだ」と思って誰にも相談せず頑張ってきたのだそうですが、何をどうしていいのか分からず、途方に暮れて相談に訪れました。

まずは、大切なことを1つお伝えします。

それは、**悩みには大きいも小さいもない**ということです。きれい事に聞こえるかもしれませんが、これは事実です。だから、あなたより辛い人がいたとしても、「こんなこと」と思う必要はありません。その人も辛いけれど、あなたも辛い。それでいいのです。

もし仮にほかの誰かには、あなたの悩みが小さなことに思えたとしても、**あなたが今悩み苦しんでいるのなら、あなたにとっては大きな悩みということ**。

悩んでいる状態というのは、心も体も消耗します。悩んでいる時点であなたは相当頑張っているのですから、これ以上自分を追い込まないでおきましょうね。

先ほどもお伝えしたように、「自分で決められない」という悩みには多くの場合、過去の親子関係が影響しています。Yさんの場合は、子どもの頃から母親があれこれ手出ししてきたことが関係していました。

何かを決める時には「あなたにはこれがいい」と母親が選んでくれたり、学校で困ったことがあれば「お母さんにまかせて」とYさんの代わりに先生に相談してくれました。「夏祭りに一緒に行く友達がいない」と悩んでいた時には、母親が友達の家まで頼みに行ってくれたのだといいます。

過干渉という名の手の込んだ束縛の形は、子どもが自分で考え決断するチャンスを奪ってしまいます。このようなことが繰り返されるうちに、子どもは自分で考えることをしなくなります。**「どうせ親がやってくれる」「どうせ親の言う通りにしなければいけない」という状況が、考える行為そのものをストップさせてしまうのです。**その結果、大人になった時に「自分で考えられない」と感じるようになります。

Yさんもそうでした。このような場合にはまず、**「自分で考えられない」という思い込みを捨てることから始めます。**考える力がないから考えられないのではなくて、子どもの頃にやってきていないから、まだ考えることに慣れていないだけということを理解していくのです。理解するうえで、最も時間を必要とするのがこの段階です。だから、焦らずゆっくり自分に言い聞かせてあげてくださいね。

これが心から納得できるようになれば、ゴールは目前。あとは自分で始める練習を繰り返すだけです。

まずは、**今日食べるものや行き先など、自分ひとりで決められることから始めてみましょう。**決定権が自分にあるもの、さらにはどのような決断をしても誰にも迷惑をかけないようなものから挑戦していくことで、決断へのブレーキがかかりにくくなります。

始めて数週間は、決めるまでに時間がかかるかもしれません。時間がかかった挙げ句、決められないこともあるでしょう。でも、そんな時に自分を責めないこと。**「決めてみよう」と思えただけで十分だし、決めるために悩めたなら「よく頑張った」と思っていいのです。**

これまでできなかったことに挑戦しようと思って、実際に挑戦してみたなら、それだけですごいことですから。

周囲の人が自分で考え決断できているように見えると、自分だけが決断できないように感じて落ち込むことがあるかもしれません。

落ち込むのは、あなたが一生懸命頑張っているからです。

「落ち込むほど、頑張っているのだなぁ」と自分をねぎらってみましょう。

それでもやっぱり落ち込んでしまう時には、事実を客観的に眺めることをおすすめします。自分で考え決断できているように見える人たちは、子どもの頃からそれをやってきた人たち。40歳の人なら、決断歴は35年以上といったところです。一方で、あなたは今これから「決断」に挑戦して慣れていく段階です。決断歴35年以上の人と比べるのは、スケートを始めたばかりの人がプロスケーターと比べるようなもの。そう考えると、比べること自体がナンセンスだと思えてきませんか？

それでもつい比べてしまって落ち込みそうなら、**「まだ私は慣れていないだけ」**ということを思い出してくださいね。あなたは、これからです。

CHAPTER 2

今から「自分軸」で生きる

付き合ってください！
はい！
よろこんで!!
片思いしていた人に告白されて幸せいっぱい！
のはずが……
LINEが長いっ
日記かっ!?
おはよう！今日の天気は晴れだね。そうそう。実は、曇りの日のほうが紫外線が強いって知ってた？僕は昨年
で知ら
おまたせー
……。
ダサいっ
デートに下駄!?
ブェックシ
くしゃみがでかいっ
うるさっ
ゾワッ……
ゾワワッ…
ぉぉぁ……
ゴメンナサイ！
なんか生理的に無理かもしれない！

片思いから両思いになった途端、相手が生理的に無理になる

片思いから両思いになって付き合った途端、相手を「気持ち悪い」「生理的に無理」と思うほど嫌悪してしまうことがあります。

「食べ方が汚い」「気遣いが足りない」という理由で嫌いになったり、「メニュー選びが遅い」「私服がダサい」という理由で気持ちが冷めたり、デート中のちょっとした仕草が気になって生理的に無理と感じてしまったり。これまでより相手と距離が近くなることで、今まで知らなかった部分を知り、どうしても受け入れられない部分が出てくることがあります。

たとえるなら、薄暗い部屋では見えなかったホコリやゴミが、明るい部屋では気になってしまうようなもの。これまで見えなかったものが見えるようになることで、気持ちがガラリと変化することがあるのです。

そのような自分が嫌になったり、周囲から「完璧を求めすぎ」「相手の良いところを見たほうがいい」と批判的なことを言われることもあるかもしれませんが、自分の気持ちを大切にして大丈夫ですよ。

というのも、最初に感じた違和感、特に生理的な嫌悪というのは本能的なものなので、そう簡単に消えることはありません。その時には我慢できたとしても、いずれ我慢できなくなってしまう可能性がとても高いです。周囲が理解してくれなかったり、「それくらいで」「そんなことで」と言われるようなささいなことが気になってしまったりしたとしても、あなただけは自分の味方になってあげてください。何が苦手で、何が嫌だと感じるかは、人それぞれ違います。だから**あなたが嫌だと思うなら、それは嫌のままでいいのです。**

そのほか自己肯定感の低さから、気持ちが変化してしまうこともあります。

この場合は、無理だと思う理由が自分でもハッキリ分かりません。決定的な何かがあったとか、相手の何かが嫌いになったとかそういうことではなく、「なぜか」「なんとなく」生理的に無理だと感じてどうしようもなくなってしまうのです。

これについて、実際にあった相談事例をご紹介します。

実際の相談事例

実は、以前お話ししていたTさんから、正式に交際を申し込まれたのです。でも、いざ交際するとなると、なぜか喜べませんでした。あんなに付き合いたいと思って頑張っていた相手なのに、です。もちろんその場では「よろしくお願いします」と返事はしましたけど。突然のことで、びっくりして喜べなかったのかなと思い、その時は深く考えませんでしたが、それからデートをしても全然楽しめなくて……。なんというか、本当に急に、Tさんを気持ち悪く感じるようになってしまったのです。あんな素敵な人がわざわざ交際を申し込んでくれたのに、私みたいなモテない人間が「気持ち悪い」と思うなんて、失礼ですよね。やっぱり、おかしいですよね。なぜ、このようなことが起こってしまったのでしょうか。

相談者Sさんは、婚活サイトに登録をしていました。そこで出会ったTさんという男性を好きになり、「この人と付き合いたい」と思うようになりました。その後、何度か連絡を取り合いデートを重ねるうちに、Tさんから正式に交際を申し込まれたのです。

付き合いたいと思っていた相手から交際を申し込まれる……本来なら喜ばしいことではありますが、Sさんはなぜか喜べませんでした。それどころか付き合った途端に、急にTさんを気持ち悪く感じるようになってしまったのです。

そこで私は、「付き合う前と付き合ったあとで、Tさんの言葉や態度が変わったように感じますか？　Tさんのどのようなところが、気持ち悪いと感じましたか？」と質問をしました。すると、Sさんは首を横に振って次のように答えました。

「それが、Tさんは何も変わっていないんです。正直なところ、Tさんの何が気持ち悪いのかも分かりません。何かされたから気持ち悪いとか、何かに幻滅しただとか、そういうこともないのです。……でも、これでよかったのかもしれません。取りえもなく、見た目も悪い自分のことを好きになるなんて、おかしいですから。付き合い続けても、どうせすぐに振られてしまうと思います」

Sさんの場合は、低すぎる自己肯定感が心の変化に影響を及ぼしていました。Tさんを素敵だと感じて付き合いたいと願う一方で、Tさんとは釣り合わないダメな自分像に苦しんでいたのです。

突然ですが、あなたの目の前に、汚れた長靴があったとします。ボロボロで汚く、靴底には穴もあいていて、とても履けるような状態ではありません。

この長靴を見て「素晴らしい！　価値がある！」と絶賛する人がいたら、あなたはどう感じるでしょうか？　見る目がないと感じたり、価値観が合わないなと感じたり……気持ちの面で引いてしまう人もいるかもしれませんね。

「自分には価値がない」「私なんて」と思っている状態というのは、自分のことを「汚れた長靴」だと思い込んでいるようなもの。あなたのことを褒めたり好きだと言ってくれる人が現れた時に、ボロボロの長靴を絶賛する人に対して抱くようなネガティブな感情を、相手に対して抱いてしまうのです。

Sさんの場合、**「私なんて」という自己否定的な思いがあまりに強すぎたせいで、自分に好意を示してくれる相手にも否定的な思いを抱いてしまっていました。**

「こんな私を好きになるなんて、あの人は見る目がない」「こんな価値のない私を好きになるなんて、あの人はおかしい」というふうに、相手に対して魅力を感じなくなってしまったのです。

このようなケースにおいて大切なのは、**急に心変わりした自分を責めないこと。**急に心変わりしたのは、あなたのワガママや性格の問題ではないからです。

心変わりしたのには、ちゃんと理由があります。だから、自分を責めてはいけません。**自分に好意を持つ人を「気持ち悪い」と感じてしまうほど自分に自信がない状態で、さらにそんな自分を責めてしまったら、ますます自分が嫌いになってしまいます。**

なぜだか分からないけれど相手を急に気持ち悪く感じてしまったこと、自分で自分を否定してしまうこと、自分を好きだという相手のことまで嫌悪してしまうこと……。今はまず、事実だけをそのまま受け止めておきましょう。**それが良いとか悪いとかは考えず、「今はこういう状態なんだ。それでいい」と受け止めることが、自分軸で生きるための大きな一歩です。**

私のストレス解消法。
それは……
あの人、苦手なんだよね
あー　つかれた……
買い物。
ポチッ
買い物は、
誰にも邪魔されない
唯一の時間だから。
新作
ポチッ
ポチッ
ポチ
ポチッ
残高
2,652円
ハハ……
今月もギリギリ。
貯金しなきゃと
思っているけれど、
買い物が
やめられない！

貯金しなきゃと思っているのに、買い物がやめられない

「買い物がやめられない」「貯金しなきゃいけないのにお金を使ってしまう」と思うことはありますか？

欲しいものがあるのは人として自然なことですし、自分が買いたいと思ったものを買うことも必要です。何でもかんでも我慢していたら心が元気になりませんから、「欲しい」と思うこと、さらには欲しいものを買うことそのものがダメなのではありません。

だから欲しいものを買って、「嬉しい！」「楽しい！」と心から感じられているのならまったく問題ないです。

ですが、欲しいものを買ったあとに、「また買ってしまった」「またお金を使ってしまった」と罪悪感が出てしまうなら、**買うという行動があなたを苦しめてしまっている可能性**

があります。欲しいから買うのではなく、辛く苦しい「何か」をまぎらわすために買い物をしているのかもしれません。

欲しいから買うのであれば「欲しい」という気持ちが満たされて満足できます。でも、辛さをまぎらわすために買ってしまうと、「辛い」という気持ちは解消されません。満足できないからこそ、買い物が止まらなくなってしまいます。

たとえるなら、ダイエット中にケーキが食べたくなったけれど、低カロリーのゼリーで我慢するようなものです。どれだけゼリーを食べても、「ケーキが食べたい」という欲求は満たされませんよね。それと同じで、**欲求と実際の行動にズレがあると、不満が解消されにくいのです。**

どうしても買い物がやめられない、さらには買い物をしたあとに罪悪感が強く出るような場合には、辛く苦しい何かを抱えている可能性があります。職場や学校がしんどいなど、今に苦しめられることもあれば、子どもの頃にたくさん我慢してきたなど、過去に苦しめられてしまうこともあります。

ここでは、「何か」をまぎらわすための買い物がやめられず罪悪感を抱いている、1つの相談事例をご紹介します。

実際の相談事例

買い物がやめられないんです。今のところは収入の範囲で済んでいますが……。

私、浪費癖があるみたいで、このままだと父みたいに借金してまで欲しいものを買っちゃうんじゃないかって怖いんです！　母からも、「お姉ちゃんは私に似て貯金できるけど、あんたはダメなアイツ（父親）に似て全部使っちゃうタイプ。アイツの血が入ってるから、あんたには浪費癖がある」って、よく言われています。あ、両親は私が小学生の頃に離婚したので、今は母親と姉と3人で暮らしているんですけど。いずれは実家を出てひとり暮らしもしたいし、将来のことを考えるとそろそろ貯金もできるようにならなきゃって思うんですが、買い物がやめられないことには難しくって。

相談者Aさんは、物心ついた頃から母親に言われてきた「ダメなアイツ（父親）と同じ浪費癖がある」という言葉に苦しめられていました。**実際には、浪費癖というほどのお金の使い方はしていないにもかかわらず、自分には浪費癖があるという強い思い込みによって、「お金を使うこと＝浪費＝いけないこと」と感じるようになっていました。**

それだけではありません。「母親が嫌いな父親と同じこと（浪費）をしている自分は、このままでは母親に嫌われてしまうのでは」という恐怖も抱えていました。

このように、過去に親から言われた言葉というのは、大人になった時の考え方や行動に影響を及ぼしやすいことが分かっています。

たとえば子どもの頃に「金食い虫」と言われたことがきっかけで、自分のためにお金を使うことが苦手になることもあります。「無駄遣いばかりする」と言われ続けたことで、何かを買う時に「これは無駄では？」と必要以上に考えてしまうこともあります。

Aさんの場合は、欲しいものを買う時だけではなく、生活に必要なものを買う時でさえ「ああ、またお金を使ってしまった。父と同じで、浪費が止まらない。なんて私はダメなのだろう」と自分を責めていました。この自分を責める気持ちがさらにストレスを生み、そのストレスをなんとかするためにまた何かを買う……という悪循環に陥っていたのです。
　そこで私はＡさんに対し、「最近では、どんな時に買い物が止まらなくなりましたか？」と質問をしました。するとＡさんは、次のように答えました。

「えっと……。先週末かな。仕事でミスをして、上司からひどく怒られたんです。そこまで言わなくてもいいでしょ、ってくらいのことを言われて。悲しいを通り越して、腹が立って仕方なくて！　それで仕事終わりに、そのまま買い物をしに行ったって感じです。特に欲しくもないものをゴロゴロ買っちゃって、あとでひどく落ち込みましたけど……」

　Ａさんは、自分の気持ちを伝えるのが苦手な人でした。だから上司に怒られた時の気持ちは、誰にも話せなかったと言います。誰にも話せなかった「そこまで言わなくてもいいでしょ」という強い怒りの気持ちが行き場を失い、買い物という形で発散しようとしたわけです。
　買い物によって気持ちが発散できればいいのですが、Ａさんの場合はそんな自分を責めていました。ストレス発散のための買い物によって、ますますストレスをため込んでいたのです。

　このようなケースで何より大切なのは、買い物をした自分を責めないこと。さらには、**自分がなぜ買い物をしたのか、なぜやめられなかったのかについて知り、自分の行動を認めてあげること**です。

　Ａさんの場合について言えば、買い物をしたのは怒りの気持ちを発散するため。やめられなかったのは、それだけ心が傷ついたからです。今あるストレスをなんとかしようと、自分なりに考えて行動（＝買い物）したのですから、**まずは「買い物がやめられないほど嫌だったんだね」と自分自身に寄り添い、「頑張ったね」とねぎらっていいのです。**

　買い物がやめられないと悩むようなケースにおいては、「寄り添うのは逆効果」「良くない習慣だから、やめたほうがいいとハッキリ言うべきだ」という意見もありますが、私はそうは思いません。

　なぜなら**買い物がやめられずに悩む人たちというのは、すでに自分自身に対して「やめたほうがいい」「やめたい」という思いを抱いているからです。**そんなこと、他人から言われなくても本人が一番分かっています。それでもやめられないから、苦しんでいるのです。

やめたいのにやめられないという場合は、まずはそんな自分を肯定することから始めましょう。買い物をやめられない自分を肯定などできないという場合は、**責めないだけでかまいません**。「ストレス発散の矛先が買い物に向いている」「今はまだ、買い物がやめられない」という事実だけをそのまま受け止めてください。**今の自分の状態や行動を否定しないことで、新たなストレスを増やすことを避けられます**。

買い物など、何かがやめられない依存状態が続くと、ひとりではなかなか抜け出すのが難しいものです。そんな時こそやめられない自分を責めるのではなく、**「やめられないほど、しんどい状況で頑張ってきたのだ」**と現状を受け止めてみてくださいね。自分を受け止め肯定することで、自分軸は強くなっていきます。

さらにはあなたの話を否定せずに聞いてくれそうな人がいるなら、話を聞いてもらうのもいいでしょう。それだけでも自分を責める回数は減り、心がラクになるのを実感できるはずですよ。

本当は、私のことなんて好きじゃないんだろうなって思ったり
あれ。LINEの返信はないのに、インスタは更新されてる……
……。
私なんかと一緒にいても楽しくないんだろうなって考え始めると
アハハハ
私といる時よりも楽しそう……
人間関係を急にリセットしたくなる。
連絡先をすべて消去しますか？
すべて消去
ポチッ
すべて消去
いつも時間がたってから後悔する。
ほんと、なんでこんなことしちゃうんだろう。
みんなは今頃楽しんでいるのかな。

人間関係を急にリセットしてしまう

人間関係の断捨離、という言葉を見聞きしたことはありますか？

付き合いで参加していた飲み会を断ったり、それほど仲が良くない人の連絡先を消したり、価値観の合わない人と付き合うのをやめたりと、今の自分には必要ないと思われる人たちとの関係を断つということです。

このように、自らの意思で人間関係を断つのであれば、あとになってそれほど悩みません。**今の自分に必要な人とそうでない人、さらには人間関係を続けるメリット・デメリットについて納得したうえでの選択というのは後悔しにくいのです。**

ですが、これといった理由がなく、焦りや不安から急に人間関係をリセットしてしまう場合には、後悔がつきまといます。自分でもよく分からないままに、「人間関係を断つ」

という大きな決断をしてしまっているからです。

そんな自分はおかしいのでは、ひどい人間なのでは、と思い悩む方もいますが、そんなことはありません。**おかしいということはないし、ひどい人間でもありません。**

これまでの人間関係を急に断ってしまうほど焦りや不安を感じているというのに、これ以上自分を追い込まないでおきましょうね。

今のあなたに必要なのは、自分の行動を否定することではありません。なぜそのようなことをしたのかについて知り、自分の気持ちを肯定することが必要です。

1つ、実際にあった相談事例をご紹介します。

実際の相談事例

私、人との距離感がおかしいみたいなんです。恋人も友人も、いつも長続きしません。気の合う友達とか、しょっちゅう連絡を取り合うような子もいましたが、全部自分から人間関係をリセットしてしまいました。ＳＮＳで知り合った人を急にブロックしたり、自分のアカウントを消しちゃうこともあります。みんなには悪いことをしてしまったと思うし、自分はひどい人間だという罪悪感もあります。でも、やっちゃうんです。

Kさんの場合、人間関係を断つ理由が相手側にはありませんでした。何か嫌なことをされたからではなく、自分の気分次第で急に人間関係をリセットしてしまうといいます。Kさんは、そんなふうに気分次第で行動してしまう自分をひどく責めている様子でした。

ですが、気分が良い時と悪い時では、どんな人でも行動は変わります。気分が良い時なら笑って流せる冗談も、気分が悪い時には「笑えないどころか怒ってしまう」というのはよくある話です。だから本当は、気分次第で行動してしまう自分を責める必要はないのです。

それでもKさんは浮かない表情で、「悪いことをした」「傷つけたと思う」と繰り返し自分を責めていました。そこで私は、「これまでに誰かから急に関係を断たれた、と感じたことはありますか?」と尋ねてみました。

「あります、あります！　今はこんな感じで誰とも長続きしないけど、中学生の頃は親友がいたんです。でも、別々の高校に通うことになってからは、会うこともほとんどなくて。高校1年生の冬に、学校でちょっと辛いことがあって、親友にメールを送ってみたんですけど……メールアドレスが変わっていたみたいで連絡がつかなくって。ああ、私は関係を断たれたんだなーって辛くて。私ってその程度の存在だったんだなーって、しばらく立ち直れなかったです」

　Kさんは、親友から関係を断たれてしまったという経験に、深く傷ついていました。**急に関係を断たれる辛さを知っているからこそ、相手との関係を急にリセットする自分自身を責めてしまっていたのです。**さらにはこの経験によって、「また相手から関係を断たれてしまうかもしれない」という強い不安が刻み込まれてしまいました。相手から関係を断たれる傷の深さを知っているからこそ、「また関係を断たれて傷つくくらいなら、自ら断ってしまおう」という心理状態に陥っていたのです。

　つまりKさんの場合は、自らの意思で積極的に人間関係をリセットしたというより、**過去の不安や恐怖を引き金に、相手からリセットされてしまう前に自分からリセットしてい**

たのです。

このようなケースの場合はまず、「人間関係をリセットしてしまう」という自己否定的な考えをいったんストップすること。リセットしてしまうと言うと、自分でコントロールできないことのように感じてしまいますから、**「こういう理由で人間関係をリセットした」**というふうに捉え直すことから始めましょう。

なぜこのようなことをお伝えしたかというと、**人は自分でコントロールできないことに不安を感じやすいからです。**例えば、自分で操縦していた自動車がコントロール不能になって勝手に動き出したとしたら……想像するだけで怖いですよね。

だからこそまずは、**「人間関係をリセットするかどうか、決める権利は自分にある」ということを強く信じてください。**

なぜだか分からないけれど勝手に人間関係をリセットしてしまうのではなくて、**自分の心を守るために人間関係をリセットすることがある**ということを受け入れていきましょう。

とはいえ不安や恐怖の影響はなかなか根深いですから、なぜか急に不安な気持ちになって人間関係をリセットしたくなることが、これからもあるかもしれません。

実際にリセットする前であれば、**「今感じている不安は、過去のものだよ」「今目の前にいる人は、過去のあの人とは違うかもしれないよ」**と、自分自身に教えてあげてください。実際にリセットして後悔した時には、**「それだけ不安だったんだね」「後悔するのにやっちゃうほど、過去に傷ついたんだね」**と、自分自身に寄り添ってあげてください。

人間関係をリセットするのをやめたいのならば、どんな選択をしても自分自身を否定しないことが大切です。そうすることで、**「あの人はどう思うだろうか」という他人軸で行動するのではなく、「自分はどうしたいのか」という自分軸で行動できるようになっていきますよ。**

「どうせ、こう思っているんだろうな」

直接言われてもいないことを考え続けてしまう。

直接言われてもいないのに、「どうせこう思っているんだろうな」とネガティブに考えてしまう

相手から直接言われたわけではないけれど、「この人はこう思っているんだろうな」と心に浮かぶことはありますか？

それが良い想像ならまったく問題ないのですが、対人関係において膨らみやすいのは悪い想像です。

厄介なのは、いったん「こう思っているんだろうな」というネガティブな想像をしてしまうと、相手の一挙一動がその想像とくっついてしまうこと。そうしているうちに、ネガティブな想像が補強されていきます。**最初は単なる想像だったものが、あたかも事実であるかのように自分の中で認識されてしまい、「あの人はこう思っている！」と強く思い込むようになってしまうのです。**

その結果、事実ではないことも、自分にとっては事実であるかのように感じられてしまいます。これは脳の確証バイアスによるもので、**一度先入観を持ってしまうと、そのイメージを裏付ける情報ばかりに目が行きやすい**のです。

例えば、「あの人は、私のことを面倒くさいやつだと思っているんだろうな」と、ネガティブな先入観を持ったとしましょう。

そうなると、相手が誰かとコソコソ話していれば、「自分の悪口を言っているのでは」と感じます。あなたのそばでため息をついて素通りされれば「ああ、やっぱり私のことを面倒くさいやつだと思っているからだ」というように感じるかもしれません。実際には、あなたの悪口など言っておらず、ため息はプライベートな事情によるもので、素通りしたのはただ単に忙しかっただけかもしれないのに、です。

1つ、このような相談事例をご紹介します。

実際の相談事例

職場に行くのが辛いです。仕事が嫌いとか、そういうことではなくて……。説明が難しいですけど、職場の人たちから、「八方美人」「仕事が遅い」と思われているのが、嫌なのです。私なりに仕事は頑張っていますし、遅いのはミスしないように気をつけているから。数字を扱う仕事なので、仕事が早くてミスするより断然いいと思ってます！　八方美人は……たしかにそうかもしれないけれど、ある程度のコミュニケーションは必要じゃないですか。

とにかく前みたいに、仕事に楽しく行けるようになりたいです。今は、どうせこう思ってるんだろうなと考えてしまって、仕事に行く前からモチベーションが下がっている状態なので。

「職場の人たちから、八方美人、仕事が遅いと思われているのが嫌」ということで相談に訪れたSさん。ですが、よくよく話を聞くと、実際にそのような言葉を言われたこともなければ、誰かがそういうことを言っているといううわさを聞いたことも一度もありませんでした。

Ｓさんは、自分で自分に「八方美人」「仕事が遅い」というレッテルを貼ってしまっていました。このようなケースの場合、過去に誰かから言われた言葉がレッテルとなっていることがあります。

例えば、子どもの頃に「デブ」「ガリ（ガリガリ）」などと容姿をやゆされていた人は、大人になって標準的な体形になっても「デブ」「ガリ」というレッテルに苦しむことがあります。ちょっと太るだけで「デブ」という言葉がよみがえって怖くなったり、人並みの体形になっても「自分はガリガリなのでは」と自信が持てなくなってしまったりすることは珍しくありません。

ですがＳさんの場合、レッテルの影響はそれほど感じられませんでした。なぜならＳさんは、八方美人であることはある程度必要だと認識し、数字を扱う仕事である以上はスピードよりも正確性を重視することに自分で納得できていたからです。レッテルのせいで苦しんでいるというよりは、「誰も本当の自分を分かってくれない」ということに苦しんでいるように見えました。このことを伝えたところ、Ｓさんは何かを思い出すように話し始めました。

「ちょっと思い出したことがあるんですけど……。中学生の頃、父親が不倫したんです。もう、家の中はめちゃくちゃですよ。私自身、親が離婚しちゃうんじゃないかって毎日怖かったです。でもまぁ、結局離婚しなかったですけど。そんなひどい状況の時に、部活の先輩から、Sって悩みなさそうだよねーって言われて。周りにいた友達や先生も同調してました。**自分はこんなに悩んでるのに、誰も分かってくれないんだな、悩みがなさそうって見えるんだなって。**笑ってごまかしましたけど、ショックだったなー。そういえば、その頃からです。どうせこう思ってるんだろうな、みたいに考えるようになったのは」

Sさんがネガティブな先入観を持つきっかけは、このできごとにありました。自分は今こんなにも悩んでいるのに、周囲からは悩みがない人と思われているという、**現実とのギャップにショックを受けてい**たのです。

さらにはこの時に言われた「悩みがなさそう」「ニコニコ」というキャラが自分の中に強くインプットされて、人に相談することも苦手になってしまっていました。そうするうちに、**「どうせこう思っているんだろうな」というネガティブな考えが、どんどん強化されてしまったのです。**

大切なのは、「どうせこう思っているんだろうな」という思いが出てきた時に、無理に否定したり肯定したりしないこと。**「どうせこう思っている」というのは、あくまで想像でしかないのですが、本人にとっては限りなく事実に近いものだからです。**

「そんなふうに考えてはいけない」と思ってしまうと、自分の考えそのものを否定することにつながりかねませんから、**そんな時には「……と私は思った」と付け加えてみましょう。**

Sさんのケースでたとえるなら、「どうせ八方美人だと思っているんだろうな……**と私は思った**」という具合です。

最後にその言葉を付け加えるだけで、ネガティブな思い込みが事実ではなく、**自分の想像だということを頭で理解できるようになっていきます。**

この繰り返しで、だんだんとネガティブな想像は減り、**「○○だと思っているかもしれないけれど、私はこうしたい」**というふうに、自分軸で物事を考え行動できるようになりますよ。

あら、元気ないわね。悩み事？何でも聞くわよ
あ、はい…
実は、部長に怒られて……
分かる、分かるわ！
あの部長、一言余計なのよね！
……。
あなたは、まだマシよ！
私なんてこの間、もっとひどいことを言われて……
ぐだ
ぐだ
……。
あれ？
私の悩み相談、どこいった!?
じゃあ、そろそろ行くわね〜
あースッキリ!!
トホホ
なんか逆に疲れた……
人に相談するのってやっぱり苦手！

人に相談をするのが苦手

「人に自分の話をするのが苦手」「相談できない」と悩む人が増えています。

実際のところは、相談できても相談できなくても問題ありません。誰かに自分のことを話すメリットもあれば、デメリットもありますから、「相談したい」「自分のことを話したい」とあなたが思わなければ、そのままで大丈夫です。おかしなことでも何でもありません。

ですが、誰かに相談したいのにできない場合には、「なぜできないのか」について知ることが相談できるようになるための近道となります。

そこで、これから2つ質問をします。

それぞれについて自分なりの答えを出してみてくださいね。

1つめ。誰かに相談してもいいと思えますか？

2つめ。なぜ、相談できないと思いますか？　誰かに相談した場合のメリット・デメリットを挙げてください。

1つめの答えが「いいえ」の場合には、相談してもいいと思うことから始めましょう。

あなたがこれまで誰かの相談を聞いてきてあげたように、ほかの誰かが別の誰かに相談をしているように、**あなたにも誰かに相談をする権利がちゃんとあります。**

2つめの質問では、メリットとデメリットのどちらが多く思い浮かんだかが重要です。

メリットのほうが多く思い浮かんだ人は、メリットのイメージをより具体的に膨らませていきましょう。メリットが具体的であればあるほど、魅力的であればあるほど、一歩踏み出せる確率はグッと上がります。

デメリットのほうが多く浮かぶのは、「相談したいけど、嫌なことがありそうだから相談しないほうがいい」と自分で自分にブレーキをかけてしまっている状態です。この場合は、何がブレーキになっているのかを知ることが問題解決のヒントになります。

1つ、実際にあった相談事例をご紹介します。

実際の相談事例

私、昔から、人によく相談されるタイプの人間なんです。子どもの頃から母や祖母の愚痴の聞き役もしていましたので、自分で言うのもなんですが、話を聞くのは得意なほうです。でも自分のこととなると、どうも人に相談するのが苦手で……。

先日も知人に相談したいことがあったのに、結局話せませんでした。いつ言おう、どう切り出そうと思っているうちに時間がたっちゃって、「ああ、今日はもういいや」とあきらめちゃいました。それで私、気づいたんです。

そういえば、いつもこんな感じで人に相談できずに、結局自分ひとりで抱え込んでるなぁって。本音の部分では、もう少し人に頼ったり、相談できるようになれたらいいなぁと思うんですけど。

ひと通り話をうかがったあと、相談者Nさんに先ほどご紹介した2つの質問をしてみました。

1つめの質問、「誰かに相談してもいいと思えますか？」については、「はい」。2つめの質問「なぜ、相談できないと思いますか？　誰かに相談した場合のメリット・デメリットを挙げてください」については、「メリットは、思い浮かびません。デメリットについては、そもそもちゃんと話を聞いてもらえない気がする。だから相談できないと思う」というのが答えでした。

実はNさんは、まったく相談ができないわけではありませんでした。何度か知人に悩み相談をしたことはありましたが、「ちゃんと最後まで聞いてくれた」「分かってくれた」「話してよかった」という満足感を得たことがなかったのです。

知人たちは、最初はNさんの相談を親身に聞いてくれるのだそうです。でも、「分かる。実は、私もね～」という具合にいつの間にか知人の話にすり替わり、なぜか最終的にNさんが知人の悩みを聞くことになっていました。

このような経験の積み重ねが、相談してもちゃんと聞いてもらえない↓相談しても意味がない↓相談できる人がいない↓「相談できない」という悩みをつくり上げていたのです。

Nさんの場合は、「ちゃんと最後まで聞いてくれた」「分かってくれた」「話してよかった」と思えるような相談相手が必要でした。だからこそカウンセリングで自分の気持ちを受け止めてもらえたと実感することで、「自分はちゃんと相談できる人だ」という自信がつき、さらには「ちゃんと話を聞いてくれる相手もいる」ということに気づきました。

自分の何かが欠けているから誰かに相談できないのではなく、**「信頼できる相談相手がいなかっただけ」「だから相談しなかっただけ」**と気づいたNさんは、知人に相談できないと悩むこともなくなったのです。

もしかすると、あなたもNさんのように、実は相談できる人なのかもしれません。相談できないと思い込んでいたけれど、**相談しないことを選んでいただけというケースは案外多いもの。**

「実は相談できる人だとして、なぜ相談できなくなったのだろう？」と考えてみてください。その答えを考えていくと、相談できるようになるために必要なことが何か見えてきます。この気づきが、自分らしく自分軸で生きていくための大きな一歩になるはずですよ。

私、ダメ人間だから～
昔っからダメ人間で～
あんな失敗やこんな失敗もー
失敗
失敗
ダメ人間すぎてみんなもあきれちゃうよね～
嫌になっちゃうー
いつもそう。
自虐的な発言が止まらなくなる。
あれ？
なんかみんな引いてる⁉
そんなダメダメ言わなくても……
ねぇ……
またやっちゃった⁉

自虐的な発言を繰り返して、周囲に引かれてしまう

自分の失敗や容姿の嫌いなところ、ダメだと感じている部分について、自虐的に話してしまうことがよくありますか？

それらをネタにして笑いを取ろうとすることが、よくありますか？


自虐的な発言を絶対にしてはいけない、ということではありません。芸能人が、番組内で過去の失敗をネタにしたり、自虐的な発言で場をなごませたり笑わせたりする場面を見たことがある、という人もいるでしょう。このように、自分のメリットのために意図的に自虐ネタを使っているのであれば、特に問題はありません。

ですが、無意識に自虐的な発言を繰り返していたり、自虐的な発言がクセになっている場合には注意が必要です。

例えば、自虐的な発言があまりに多くなってしまうと、よい人間関係が築きにくくなるというデメリットがあります。

カウンセラーとして話を聞いていると、「相手の自虐ネタにどう返していいのかが分からない、どう反応していいのかが分からない」と訴える人が、とても多いのです。**自虐ネタを繰り返すと、「話しにくい人」「扱いにくい人」といった、不本意なレッテルを貼られてしまうことになりかねません。**

さらには、周囲に「いじってもいい人」「からかってもいい人」という印象を植え付けてしまうことで、**心ない言葉を浴びせられるリスクが高まります。**

例えば、自虐ネタとして言う「私、太ってるから」と、相手から言われる「あなたは太ってるから」では、ダメージの大きさが違います。**自分ではネタにできることだとしても、人からハッキリ言われると深く傷ついてしまうものです。**

実際のところ、周囲の人たちは「本人がネタにしているから、言ってもいいと思って言っただけ」というケースがほとんどなのですが、言われた本人は深く傷つきます。「やっぱり、周囲の人もそんなふうに思っていたのか……」と落ち込んでしまうことも珍しくありません。1つ、相談事例をご紹介します。

実際の相談事例

自分のダメな部分を変えることって、できますか？　すみません、何言ってんだこいつって感じですよね……。

実は、先月付き合い始めた彼女から「なんでそんな自虐的なことばかり言うの？」「ふつうに話して」「やめて」と言われていて……だけど自分はずっとこんな感じで生きてきてるので、「ふつうに話して」と言われても、よく分からないです。あ、なんか、すいません。自分のことなのに「よく分からない」って言われても、って感じですよね。もう、生まれつきダメなんですよ、何やってもダメ。あははは……。

相談者Nさんは、話の最中に繰り返し、自分自身について「ダメ」という言葉を使っていました。そこで「どのような部分がダメだと思いますか？」と尋ねたところ、「よく分からないけど、全部がダメだと思う」という答えが返ってきました。

そこでもう1つ、「では、これまで誰かにあなたはダメな人だと言われたことはありますか？」と質問をしました。**理由が分からないけれどなぜかそう思ってしまう場合には、過去のできごとが関係している可能性があるからです。**

するとNさんから、次のような答えが返ってきました。

「両親からは、毎日のように言われていますよ。それこそ子どもの頃から、ずっとです。あなたはお兄ちゃんと違ってダメだから、あなたは弱いからダメ、ダメ人間だからゲームがやめられないんだ……って感じで、しょっちゅう言われています。あ、でも親から大事にされていないとか、そういうことはないです。キツイことは言われるけど、親なりに大事にしてくれているとは思うし、ご飯も作ってもらってるし。私が本当にダメだから、ダメだと言われているだけなんです」

Nさんの場合は、親から繰り返し「ダメ」と言われ続けてきたことが、自分がダメだと思うことの原因でした。このように、**親から子どもの頃に言われた「あなたは〇〇」という言葉は、大人になるにつれて「私は〇〇」という強い思い込みに変わりやすいのです。**

それが良い言葉なら問題ありません。「あなたなら大丈夫」「あなたはそのままで素敵な人間だ」と繰り返し言われて育てば、失敗しても立ち直れます。もし落ち込んでも、「今回はちょっと失敗しただけ」と気持ちを切り替えることができます。「大丈夫」という言葉に勇気をもらって、また立ち上がり挑戦できます。

ですがNさんのように、悪い言葉を植え付けられてしまうと大変です。「あなたはダメだ」と繰り返し言われて育てば、失敗した時に「やっぱりダメだった」と落ち込みます。「何をやってもダメだ」「私はダメ人間だから」という考えで頭の中がいっぱいになって身動きが取れなくなったり、「こんな思いをするくらいなら」と挑戦することをやめてしまったりすることもあります。

ここでお伝えしたいのは、「親がそんなことを言うからいけない」ということではありません。自分がダメな人間だから「ダメだ」と自虐してしまうのではなく、Nさんのように**親に繰り返しそう言われ続けたせいで「ダメだ」と思ってしまうケースがある**ということを知ってほしかったのです。

親なりに愛してくれていても、親なりに大切にしてくれていても、親にはそんなつもりがなかったとしても、親の一言があなたの人生に影響を与えることがあります。

ですが、人生に影響を与えるのは親だけではありません。**小さい頃は親の影響が強いですが、成長するにつれて社会全体の影響も強く受けるようになります。**

例えばNさんの場合は、親に植え付けられたダメな自分像を自虐ネタとして使うようになっていました。小学校の間はそれで笑いが取れたこともあり、人と仲良くなるために自虐ネタを使うようになっていったのです。Nさんの場合は、自虐的発言歴は20年以上。芸能人でいえば、なかなかのキャリアです。自虐が体に染み付いているような状態なので、「自虐ネタはもう一切やめよう」と決意するだけでは、なかなかやめられません。やめられない自分が嫌になったり、落ち込んだりして、ますます自虐的になってしまうこともあります。

自虐歴が長い場合は、**「自虐的な発言を減らそう」**と思うことから始めましょう。自虐的な言葉が出そうな時に、**1回でも踏みとどまれたらそれでOK。**もし自虐的な発言をしてしまったとしても、「言った」ということに気づけたならOK。自虐的な発言を減らす第1ステップは、**気づくこと**だからです。

第2ステップは、**実際に自虐的な発言を減らしていくこと**です。

「絶対に見るな」「絶対に押すな」と言われると、かえって気になってしまうように、人は禁止されたり命令されたりするのが苦手です。だからこそ自虐ネタを**「言ってはいけない」と禁止するのではなく、「減らそう」と思ってみてください。**意外かもしれませんが、そのほうが自虐ネタを言う回数は減らせます。

何より大切なのは、自虐ネタがなかなかやめられなくても自分に厳しくしないこと。**なかなかやめられないのは、それほど過去の影響が強いから。**あなたのせいではないことで、自分を責めないでおきましょう。

自虐的な発言をしてしまう人は、自分に厳しい人が多いですから、**「自分に厳しくなりすぎていないかな？」**と時々振り返ることも忘れないでくださいね。

職場にて
あなた、いい人いないの？
もう〇歳でしょ？
そろそろ結婚考えたほうがいいわよ！
なかなかご縁がなくて～
全然です
若いうちにしたほうがいいわよ
そうよね
子どものこともあるからねぇ
くると思った！この話題……
特に結婚願望があるわけじゃないし……
ただいま私……
ガチャ
は
自分の家が一番落ち着くー
毎回言われるのはやっぱしんどい！

世間体を気にしすぎてしまって、周囲の目が気になる

男なのだから。
女なのだから。
親なのだから。
子どもがいるのだから。
子どもがいないのだから。
独身なのだから。
無職なのだから。
会社員なのだから。

やりたいことがやれなかったり、やりたくないことをやらなければいけなかったり、思っ

てもいないことを言ったり、思っていることが言えなかったり……。「○○なのだから」という、世間がつくり出したレッテルに思い悩む人は少なくありません。

欧米では個性や個人の独特な世界観が評価される傾向にありますが、日本では和や協調性といった「みんなと一緒」が大切にされる傾向があります。和や協調性を大切にするためには、世間体をある程度気にしなければいけません。世間体が気になる自分を責めてしまう人を数多くみてきましたが、日本という国に住んでいる以上、世間体が気になるのは自然なことで、ある意味では仕方のないことともいえるのです。

このようなことをお伝えしたのは、どの国が良い、悪いということをジャッジするためではありません。**あなたの何かのせいで世間体が気になるのではなく、社会全体の雰囲気が世間体を気にせざるを得ない空気をつくり出すことがある、**ということをお伝えしたかったのです。世間体を気にすることそのものは、決しておかしなことではありません。

1つ、実際の相談事例をお伝えします。

来月に同窓会があるのです。昔の親友に会えるのが楽しみだったのですが、やっぱり行くのをやめようかと迷っていて……。

というのも私は独身で、お付き合いしている人もいません。人と一緒にいるのが疲れるたちなので、私は今のままでいいと思っています。ですけど、世間の人はそうは見てくれないじゃないですか。同窓会に行けば、いろいろなことを根掘り葉掘り聞かれるだろうし、「どうせ独身だから」とか「なんで結婚しないのか」「性格に問題があるのではないか」なんてあれこれ詮索されるのだろうなと思うと、行くのが嫌になってきました。

なんでこんなに気になるのだろうと思って調べてみたら、「毒親育ちは世間体が気になりやすい」と書かれているサイトを見つけて、もしかしてそれが原因なのかしら？と思ったのです。

相談者Sさんは、世間体が気になりすぎてしまうことに悩んでいました。

友人を遊びに誘いたくても「独身は暇だと思われるかも」と悩み、のんびり一人旅をしたいと思っても「変なふうに見られるかも」と思いとどまり、カップルが多いイベント時期には「寂しい人だと思われるかも」と、外出することさえ嫌になっていたのです。「きっとこう思われるだろうな」と世間の評価が気になって、身動きが取れない状態になっていました。

先ほど、世間体が気になるのは自然なことで、ある意味では仕方のないことだとお伝えしました。それでもやはり、Sさんのように気になりすぎてしまうのは、辛く苦しいものです。

では、世間体がそこまで気にならない人と、気になりすぎる人の差は何なのでしょうか？

実は、Sさんが気にしていた「毒親育ち」というのもその1つです。親が世間体を過度に気にしていた人ならば、子どもも世間体を気にするようになります。子どもにとって家庭は、はじめて触れる小さな社会。**家庭内で親が大切にしていたものは、子どもにとっても大切なこととしてインプットされてしまうのです。**

例えば「人の価値は学歴で決まる」と親に言われて育てば、学歴で人を見るようになります。大人になって人の価値は学歴では決まらないと気づいたとしても、心の中に子どもの頃の親が住み着いていて、「ダメだと分かっていても学歴で判断してしまう」と相談に訪れる人もいます。

この場合は、今の自分にどのような親の価値観が影響しているのかを知り、その上で**「その価値観は今の自分を苦しめていないだろうか」**と考えることが有効です。

ですが、Ｓさんの場合はそれほど親の影響は感じられませんでした。そこで、Ｓさんの話の中によく出てきた「独身だから……」という言葉について、最近誰かに何か言われたか質問したところ、次のような答えが返ってきました。

「私の親や親戚は、そういうことは一切言わないし、プレッシャーをかけてくるようなこともありません。だから誰かに言われたというより、ネット記事とかブログ、ＳＮＳで見かけるコメントで傷つくことが多いです。これだから独身女は〜とか、やっぱり独身男は〜とか。結婚していないというだけで、世間から下に見られているというか、ばかにされているように感じて悔しいです」

Sさんの場合は親の影響よりも、世間の影響を強く受けていました。

ブログやSNSといった匿名性の高い媒体で発信されるものの中には、心をグサリとえぐられるような攻撃的な発言や、極端で強烈な意見、他人に使うべきではない辛辣《しんらつ》な言葉が使われていることが多々あります。匿名性が高いからこそ、現実には言えないことが言えてしまう（書けてしまう）場所、それがネットの世界なのです。

だから、そのような意見を見聞きしても「気にするな」というのが無理な話なのです。どんなに心が強い人でも、たとえ親が味方になってくれていても、**批判的な意見ばかりを目にしていたら、いずれ心が壊れてしまいます。**

世間体が気になりすぎる原因が何かを見つけることができたら、次はその原因を少しずつ減らしていく方法を考えてみましょう。そうすることで、気になりすぎる状態から抜け出すことができます。**世間体がまったく気にならないわけではないけれど、今ほど気にな**

らなくなるだけでかなり疲れにくくなっていきます。

例えば今回のＳさんのケースでいえば、ネットから得られる情報を減らすことが有効です。それだけでも「こんなふうに思われるのでは」と世間体を気にして行動を決めることは減り、自分の気持ちやメリットを優先して自分軸で行動できる回数が増えます。

ただし、いきなり「世間体が気になるような情報を一切見ない」と決めるのはハードルが高いですから、まずはネットを見る頻度を減らす自分なりのルールを１つ設けてみましょう。例えば、**「疲れている時は見ない」「落ち込んでいる時は見ない」というふうに自分の体調を優先したり、「夜寝る前は見ない」「朝起きてベッドの中では見ない」など場所や時間でルールを作ったりするのもいいでしょう。**

一度にガラリと行動を変えると、長続きしなかったり挫折しやすかったりしますから、１つずつ、少しずつ行動を変えてみてくださいね。

えーっ
またやめるの!?
ホントいつも長続きしないよねぇ〜
そんなことで大丈夫ー?
あー……うん
私は、何をやっても長続きしない。
子どもの頃の習い事も途中でやめたし
ABC
もう行きたくない
大人になった今だって、何も続かない。
休もうかなぁ
ヤル気
0
100
だけど……
あの時やめなければ、うまくいったのかな。
あの時続けていれば、今とは違う人生だったのかなって時々思う。

うまくいきそうな時、あと一歩の時に限ってやめてしまう

失敗が大好きで、喜んで失敗したいという人は、めったにいません。失敗するよりは成功したいと思う人のほうが、圧倒的に多いです。

でも、「成功したい＝成功できるように行動できる」とは限りません。にわかには信じがたいことかもしれませんが、**成功したいと思いながらも、無意識に成功できない方向に舵を切ってしまうことがあるのです。**

あなたはこれまで、うまくいきそうな時、成功まであと一歩という時に、何かをあきらめてしまった経験はありますか？

このまま続ければうまくいくと分かっていたのに、なぜか続けられなかったという経験はありますか？

このような経験がある、という方に質問をします。

成功した自分を頭に浮かべてみた時に良いイメージが浮かびますか？

「いいえの場合」

質問の答えが「いいえ」の場合は、**成功を喜ぶことに強いブレーキがかかっている可能性があります。**

例えば、子どもの頃に言われた「そんなことで有頂天になるな」「調子に乗ってはいけない」「それくらい誰にでもできる」といった言葉が、成功しても喜べない自分をつくり出すことがあります。

成功してはいけないというより、**成功を喜んではいけないと自分を抑え込んでいるイメージです。**

だからもし成功したとしても、それほど喜べません。その代わりに、**うまくできていないことを探し、「まだまだだ」「もっと上がいる」と自分を責めてしまうことが多いのです。**

「はいの場合」

「はい」の場合は、**成し遂げることに強いブレーキがかかっている可能性があります。**

ただし多くの場合、「成し遂げてはいけない」「最後までやるな」という直接的なメッセージは受け取っていません。**「あなたは最後までやりとげられない」「すぐに投げ出す」「長続きしない」という親や先生といった身近な大人たちの批判的なメッセージから、「自分はうまくやれない」「自分は最後まで成し遂げられない」という思いを強く抱くようになります。**

また、**「成功すると良くないことが起こる」と思い込んでいることもあります。**

例えば、成功するとねたまれる、嫌われる、自分が勝つ（成功する）ことで誰かを傷つけてしまうかもしれない、という不安を抱えることがあるのです。

成し遂げることにブレーキがかかって、身動きが取れなくなってしまった相談事例を1つご紹介します。

実際の相談事例

副業で起業を計画していて、1年前から準備を進めています。一緒に頑張ってくれるメンバーを集め、集客もうまくいき、利益もそれなりに出そうで、「さぁ、あとは始めるだけ！」というところまできたのに、なぜか急に動けなくなってしまって……。

動けないというか、正確にはやる気が出ない感じです。

今までは「やるぞー！」って感じで楽しく動けていたのに、今は全然。やらなきゃいけないと思うのに、どうしてもやろうと思えません。

メンバーには事情を説明して今は開業を遅らせてもらっていますが、いつまでも待ってもらうわけにはいきません。このままあきらめるべきなのか、それともやる気を出す方法が何かありますか？

Mさんの場合は、過去に親や先生から言われた「あなたはすぐに物事を投げ出す。このままでは社会でやっていけない」という言葉が、成し遂げることへのブレーキになっていました。実際には、やりたくもない習い事や、興味のない物事だから続かなかっただけなのに、です。
それでもＭさんは、そんなダメな自分を変えようとこれまで頑張ってきました。それでもなぜか、ゴールが見えてくると親や先生の言葉が思い出され、「どうせまた投げ出してしまう」という考えで頭がいっぱいになりました。いったんそうなると、それ以上頑張ることが無意味のように思えてきて、急にやる気がなくなり、途中でやめてしまう……。このようなことを繰り返しているうちに、自分自身でも「自分は何も成し遂げられない」というネガティブな思いを強く抱くようになっていました。

「成し遂げられないことを人のせいにしているだけなのでは」と感じる人もいるかもしれませんが、そうではありません。**「成し遂げられない」という思い込みの力は、あなたが思っているよりもかなり強力なのです。**
そのことが分かる実験を１つ、ご紹介します。

心理学者のライサン・ダミッシュは、思い込みによって人間の行動がどう変わるのかを調べました。被験者を２つのグループに分け、それぞれのグループに次のような異なる情報を与え、パターゴルフでのパットが決まる回数の比較を行ったのです。

1「これはパターがよく入るラッキーボールです」
2「このボールは使い回しのただのボールです」

その結果、1「ラッキーボールだ」と伝えられたほうが、3割以上もパットの成功する回数が多かったのです。

このことから分かるように、**思い込みは行動面で影響を与えることがあります。**だからこそ過去の思い込みがブレーキになっている場合には、まずはどのような思い込みがあるのかを探し、その思い込みを捨てていくことが重要なのです。

Mさんのケースでいえば、まずは「成し遂げられない」という思い込みは**過去に他人によってつくられたものである**と認識すること。さらには、**成し遂げられないと植え付けられているせいで、最後までやりとげられないだけ**ということを理解していきます。そのうえで、「今の自分なら成し遂げられるかもしれない」という、新しい可能性について信じていくことが大切です。

成功や成し遂げることへのブレーキがかかっていると感じる場合は、どのような言葉がブレーキになっているのかを探すことから始めてくださいね。過去にそう思い込まされているだけで、実はあなたも「できる人」なのかもしれません。

あなたの行動にブレーキをかけてしまうネガティブな思い込みが減れば、もっともっとあなたらしく生きていけるはずです。

CHAPTER 3

「嫌な過去」の呪いは解ける

この仕事もお願い！
あ、はい。
あーまだ…
資料できた？
ペコペコ
スイマセン!!
ミスが多いぞ！
バクバク
ムシャムシャ
また
こんなに食べちゃった
もうしない！今回だけ、次こそって……
何回同じことを繰り返せば懲りるんだろう。
こんな弱い自分が大嫌い

ストレスで食べすぎる、食欲がなくなる

何かショックなできごとがあった時に食欲が落ちたり、ストレスから食べすぎたりというのは、どのような人にも起こり得ることです。だから、時々食べすぎてしまったり、たまに食欲がなくなってしまったりする程度なら、そこまで心配はいりません。

ですが、長期間にわたって食べすぎてしまっていたり、食べすぎたことへの罪悪感から嘔《おう》吐《と》するなどの排出行動を繰り返していたりする場合には受診をすすめることが多いです。

過食や拒食を繰り返してしまう心理状態について、実際の相談事例をご紹介します。

実際の相談事例

実は、自分の意思で食欲をコントロールできなくて、大量の食べ物を一度に食べてしまいます。

最初の頃は週末だけだったのですが、ここ1年ほどは嫌なことがあると家に帰って大量に食べるようになりました。太るのが怖くて下剤を使ったり、時には無理やり吐いてしまったりすることもあります。

太るのが嫌なら食べなきゃいいのに、我慢できなくて食べて吐いて……。こんなにも意志の弱い自分が恥ずかしくて、先生以外には誰にも相談できません。

相談者Sさんは、もともと会社の人間関係に悩んでカウンセリングを利用されていました。女性上司に目をつけられ、無視をされたり、重箱のすみをつつくような指摘を受け続けたりしてきたことで心身のバランスを崩してしまっていたのです。この問題の解決が見えてきた頃、「実は……」と打ち明けてくれたのがこの悩みでした。

ストレスのせいで食べすぎてしまうのであれば、ストレス要因を取り除けば過食は落ち着くことが多いです。今回の場合なら、女性上司と関わらなくなるだけで過食が落ち着く可能性があります。

ですがＳさんの場合は、それだけでは根本的な問題解決ができないことは明らかでした。それはＳさんが、自分の容姿に強いコンプレックスを抱いていたからです。

Ｓさんは子どもの頃、体形のことでいじめられていました。当時の辛い経験から、「太るのは醜い」「太った自分には価値がない」「もう絶対に太ってはいけない」という強い思いに縛られていたのです。

その結果、過食のあとには毎回、「食べすぎた分を元に戻さなければ」という思いに支配され、恐怖や焦りから排出行動をとるようになっていました。ですが排出したあとに「これで太らない」と安心できるわけでもなく、下剤を過剰使用したり、嘔吐したりする自分に対して「よくないことをしている」「恥ずかしいことをしている」という罪悪感を抱いてしまっていたのです。

過食や拒食を繰り返してしまう場合、Ｓさんのように「意志が弱い」「恥ずかしい」と自分を責めてしまう人は多いのですが、そのようなことは決してありません。過食や拒食が進んでしまうと、本人の気持ちの問題だけでは解決が難しいケースがとても多いのです。だから本当は、**自分を恥じたり落ち込んだりしなくてよいのです。**

拒食が続くと、脳の機能が誤作動して空腹を感じなくなります。本来なら危険を感じるはずの脱水状態や、低血糖状態に快感を覚えてしまうこともあります。

それだけではありません。体重に強いこだわりがあったり、体形に強いコンプレックスがある場合には、食べないことによって痩せ続けても満足できません。「もっと痩せたい」という思いが強くなったり、「少しでも食べると体重が増えて醜くなってしまう」という恐怖から、拒食がエスカレートしやすいのです。

ストレスによって過食し、過食の恐怖から下剤を使用したり嘔吐してしまったりした自分に対して罪悪感が生まれ、さらなるストレスを感じてしまう……。Sさんは、出口の見えない負のループに陥ってしまっていました。

この負のループを断ち切るには、信頼できる人に打ち明けること。

Sさんの場合は、それがこのカウンセリングの場でした。

ひとりで抱えてしまうと、つい自分を責めて追い込んでしまいます。これは、味方がいない敵だらけの場所でたったひとりで戦うようなもの。想像を絶するほど孤独で、とても辛い状況です。でも、自分を受け入れてくれる場所で打ち明けることができれば、そこからはもう、ひとりの戦いではなくなります。

食欲がなくなるのは、弱いからではありません。**食欲がなくなるほどに心が傷ついた**ということです。**それだけのことがあった**、ということなのです。

拒食状態になることが、ダメなのではありません。それは「生きるために食べる」という人の本能に逆らうほどの辛く苦しい何かがあるということです。**辛い何かを抱えて生きているだけでしんどいというのに、それ以上自分を責めないでおきましょう。**このような症状が出ている時点で、もうすでに十分頑張っているのですから。

過食してしまうのは、意志が弱いからではありません。我慢が足りないわけでもありません。むしろその逆です。**我慢強いからこそ、過食するしかないほどに何かを耐えてきた**のです。食べることでストレスを発散するしかないほど、辛い状況を今まさに耐えているということ。弱いどころか強いのです。

だからどのような状態にあったとしても、今の自分をどうか否定しないでください。どうしても自分を責めてしまうという人こそ、信頼できる誰かに話すことをおすすめします。あなたを責めずに受け入れてくれる誰かに打ち明けることができれば、今の辛い状況から抜け出す大きな一歩になるはずです。

SNSで見かける
キラキラした
リア充の人たち。
親友と
オシャレな
カフェで
ランチ！
私はひとり
家でカップ麺
私はというと、
何でも話せるような
友達はいないし
話に入って
いけない……
昨日～～
さすが～
学生時代の知人は
今となっては
もう疎遠。
結婚しました
連絡先は
知ってるけど、
連絡を取り合う
わけでもなく
それなら今から
友達をつくればいいのでは
と思ったけれど……
基本的に
ひとりが好き
ハッ
もしかして
人として
問題ありでは⁉
いまさら友達をつくるのは
それはそれで面倒……
というより、
人と仲良くなるのの
苦手かもー⁉

人に裏切られるのでは、と不安になる

あなたには、親友と呼べるような人はいますか？
親友とまではいかなくても、何かあった時に話を聞いてもらったり、困った時に頼れるような相手はいますか？

ここでお伝えしたいのは、「親友がいないのはおかしい」「頼れる相手がいないのはダメだ」ということではありません。あなた自身がそのことに悩んでいなければ、**親友と呼べる人がいなくても、困った時に頼れる人がいなくても、まったく問題ない**のです。

でも、もしあなたが「親友と呼べる人がほしい」「困った時に頼れる人がほしい」と思いながらも、なぜか人と親しくなるのが怖かったり苦手だったりするのなら、過去のできことが行動のブレーキとなっている可能性があります。

特にブレーキの原因となりやすいのは、**人から裏切られた経験**です。

裏切られたというと大事に聞こえるかもしれませんが、必ずしもそうとは限りません。人は、**期待していたものが得られなかった時に「裏切られた」と感じます。**

例えば、「有名パティシエ絶賛」と話題のスイーツが思っていたほどおいしくなかったり、「はくだけで痩せる」と話題のアイテムで効果を感じられなかったりした時などにも、人は裏切られたと感じます。

実はこの裏切られたと感じた経験は、**次に同じ行動を起こす時にブレーキになりやすい**のです。1つ、実際にあった相談事例をご紹介します。

実際の相談事例

辛い時や悲しい時に、話を聞いてもらえるような親友がいないんです。気を使わずに一緒にいられるような人もいません。今まではそれでもいいかと思っていたんですけど……なんだか私、誰かと仲良くなりたいという気持ちと、仲良くなるのが怖いという2つの気持ちがあるみたいなんです。

このことを親に話したら、仲良くなりたいなら仲良くなればいいじゃない！　って言われちゃって。ホントその通りだと思うんですけど、やっぱり親しくなるのが怖いという気持ちが消えないんです。

自分でもよく分からないんですけど、こんなのおかしいですよね……。

このようなケースの場合、実際に誰かから傷つけられた経験が、親しくなることへのブレーキとなることがあります。例えば、**仲が良い人から傷つけられた場合は親しくなることへの警戒に、見知らぬ人から傷つけられた場合は初対面の人への警戒につながりやすいです。**

ですがMさんの場合は、大人になって誰かから裏切られたり、傷つけられたりという経験はありませんでした。

そこで過去に「仲の良い友達から傷つけられた経験はありませんでしたか？」とうかがったところ、「実は、小学生の頃の遠足で傷ついたことが、今も忘れられないんです。いじめとかそういうことではないですし、大したことじゃないんですけど……それにそんな何十年も前のこと、もう関係ないですよね」と苦笑いしながら、当時のことを話してくれました。

Mさんは遠足の日、親友と一緒にお弁当を食べる約束をしていました。ですが遠足当日、親友は別のグループとお弁当を食べており、Mさんはどうしていいか分からず、ひとりで公園の隅に立っていました。それに気づいた担任の先生が「誰か一緒に食べてあげて」と声をかけてくれたものの、誰も誘ってくれず、結局担任と二人でお弁当を食べることになったのです。

親友だと思っていた人から突然裏切られたショック、先生が声をかけたのに誰からも誘ってもらえなかったという悲しさや恥ずかしさ、担任と二人でお弁当を食べている時に聞こえたみんなの楽しそうな笑い声……今もふと思い出して苦しくなってしまうほど、Mさんにとって屈辱的なできごとでした。

Mさんの場合は、この小学生の頃のショックなできごとがきっかけとなり、「人を信じすぎないほうがいい」「仲良くなりすぎないほうがいい」「人は裏切る」という思いを強くしていきました。

大人になった今のMさんにとっては大したことではないのだとしても、子どもの頃のMさんにとっては一大事。親友と呼んでいた人から突然裏切られた経験が、深く心を傷つけ、「世の中の人は信じないほうがいい。仲良くなりすぎないほうがいい。いずれ自分を裏切る」という思い込みのきっかけになることは珍しくありません。学校という場所は、子どもにとって小さな社会だからです。

このように、過去の辛い経験が引き金となって、目の前の人に警戒心が芽生えることがあります。ですが、Mさんのように何が行動のブレーキとなっているのかを知ることができれば、目の前の人に対する警戒心はだんだんと薄れていきます。**恐怖を感じているのは過去の経験によるものであって、目の前の人が怖いわけではない**という事実に気づくことができるからです。

「他人を信じられない自分はおかしいのではないか」と思い悩む人は多いですが、生まれながらに他人をまったく信じられないという人はいません。

つまり、**あなたの何かがおかしいのではなく、他人を信じられなくなるようなできごとが過去にあったはずなのです。**

なぜだか分からないけれど、誰かに対して不安や恐怖を感じてしまう時には、過去にそのような気持ちになったことがないか探してみてくださいね。

不安や恐怖のきっかけが分かるだけで、今感じている気持ちはだんだんと薄れていきますよ。

ふとした時に、
過去に言われた
心ない言葉を思い出す。
しかもどういうわけか
ふいに出てくる
モヤ
モヤ
……。
ゴ――…
もう何十年も前、
小学生の頃に言われた
言葉だったり
おまえ、
足おそっ！
短足〜っ
ウザい
数日前に
SNSで言われた
言葉だったり。
こういう人、
ウザい!!
わかる
しかも
ガー
嫌な言葉は
忘れたほうがいいとか、
過去のことは許すべきだとか、
気にしなければいい
なんて言われるけど……
そんなの
無理ーっ！
ブン
ブン
みんないったい
どうしてるの!?

過去に言われた心ない言葉が頭の中でリフレインする

1冊めの著書『あなたはもう、自分のために生きていい』では過去に親から繰り返し言われた言葉は、シールのようにベッタリ心に貼りついて、あなたの人生に影響を与え続けるとお伝えしました。

でも実は、影響を与えるのは親の言葉だけではありません。表舞台で活躍する人たちが、ネット上の誹謗《ひぼう》中傷で心や体のバランスを崩してしまったり、自分の容姿や技術に自信が持てなくなってしまったり……というのも最近よく聞く話です。

なぜこのようなことをお伝えしたかというと、**過去に言われた心ない言葉が忘れられなかったり、リフレインしてしまったりするのは、とても自然なことなのだ**ということを知ってほしかったからなのです。

「今もまだ引きずっている」なんて落ち込む必要はないし、「まだ忘れられない」だなんて自分を責める必要もありません。

今もまだ忘れられないほど心が傷ついていたり、納得できないほど理不尽な言葉を言われてしまったということです。だから、あなたのせいではありません。

見知らぬ誰かから言われた言葉だとしても、たった一度しか言われたことがなくても、過去に言われた言葉が良くも悪くもその後の人生に影響を与えることがあるのです。

厄介なのは人の習性上、**「良い言葉」よりも、「嫌な言葉」のほうが記憶に残りやすくなっていること。**誰かから言われた嫌な言葉のほうが忘れられなくなりやすいのです。

1つ、実際にあった相談事例をご紹介します。

実際の相談事例

社会人になりたての頃に道を歩いていたら、前を歩いていた男子学生から「あいつ、デブじゃね? 見ろよ、スーツなんてパツパツだぜ!」と笑われたんです。相手は子どもだし、単にふざけていただけなのかもしれないですけど。それでも、どうしてもその時言われた言葉が忘れられなくて……。もう3年も前のことなのに、ふと思い出して苦しくなってしまうんです。

しょっちゅう思い出すというわけではないですけど、いったん思い出してしまうと、そのあとはもうずっと頭の中で「デブ」「スーツなんてパツパツ」がリフレインして止まらなくなっちゃって、ひどい時はパニック状態になってしまうこともあります。この間は会議中にそうなってしまって、周りの人にも心配をかけてしまいました。

過去の嫌な言葉を忘れる方法って、何かあるんでしょうか?

「事実を指摘されたから傷ついたのだ」「自分が気にしていることを指摘されたからショックを受けたのだ」という考え方もありますが、今回の場合は違います。**誰かから言われた言葉が事実ではなくても、特段気にしていることではなくても、心が傷つくことは十分にあるのです。**

実際のところ、Uさんの体形は「デブ」とはほど遠く、ごく標準的です。Uさん自身もそれは認識していますし、特に体形にコンプレックスは抱いていないといいます。これまでにほかの誰かから、体形を指摘するようなことを言われたこともありませんでした。

このようなケースにおいて、過去に言われた心ない言葉を忘れる方法の鍵は**「思い出した時に出てくる感情」**にあります。リフレインする言葉があるというのは、**自分の本当の感情をうまく出せていないことが多い**のです。

思い出した時に出てくる感情は、ひとりひとり違います。怒りが出る人がいれば、悲しみが出る人、落ち込む人、突然のことに混乱して苦しくなったり、何も考えられなくなったりしてしまう人もいます。いずれも出てきた感情に良い・悪いはありませんので安心してくださいね。

さて。相談者Uさんは、「突然のことに混乱して苦しくなる」という形で、感情が表出していました。心ない言葉をぶつけられた時、Uさんは「なぜそんなことを言われたのか」「見ず知らずの学生がなぜそんなひどいことを言うのか」と、半ばパニック状態になって何も考えられなくなってしまったといいます。そして3年たった今も、思い出しては「その時と同じように混乱する」ことを繰り返している自分自身に気がつきました。

Uさんの場合は、本当の感情として隠されていたのが「怒り」でした。

「見ず知らずの学生が、なぜそんなひどいことを言うのか」という混乱についてより詳しく掘り下げてみたところ、「腹が立った」「人に言うべき言葉ではない」といった怒りの感情があることに気がついたのです。

聞くとUさんは子どもの頃、しょっちゅう怒る父親が苦手で「自分はあんなふうには、ならない」「怒るのはいけないことだ」という思いを強くしていったようです。その結果、**怒りを感じるべき場面であっても「怒り」を抑え込み、別の感情を表に出すようになってしまっていました。**

本当は「怒り」を感じていたのだと知ったUさんは、かなりスッキリした様子でした。

それから数か月、半年とたつうちに思い出す頻度は激減し、思い出したとしても今までのようにパニックになるようなことはなくなりました。

この事例からも分かる通り、**リフレインの頻度を減らすために重要なのは「混乱する」に隠された自分の本当の感情を知ることです。**

当時は気がつけなかった感情を自覚できるようになると、リフレインする頻度が減ります。さらにはリフレインしたとしても、今までほど心身に影響が出なくなります。

なぜこのようなことが起こるかというと、脳には「よく分からないこと」を繰り返し考え続け、なんとかして「分かる」にもっていこうとする習性があるからです。

１ピースだけ埋まっていないパズルが気になるように、「チョコレー○」など空白部分を埋めたくなるように……自分の本当の感情を知らない状況というのは、脳にとって「よく分からないもの」が残ったままの不快な状態なのです。**この不快な状態をなんとかしようとして、嫌な記憶がリフレインしてしまいます。**

でも、自分の本当の感情に気づくことができれば、「よく分からないこと」が「分かる」に変わります。すると、その記憶を思い出す頻度そのものが減るというわけです。

あなたが過去に言われた心ない言葉が頭の中でリフレインする時には、どのような感情が出てきますか？

もしかすると「それ以外の感情」が、隠されているかもしれません。Uさんのように別の感情が隠れていないか、探してみてくださいね。

婚活パーティー
こんにちはー。
趣味はテニスですか！実は、私もです！
あ、はい。
……。
……。
どうしよう。
……。
……。
何を言えばいいんだろう。
あ、じゃあそろそろ行きますね……。
あ……。
なんでいつもうまく話せないのー!?
私以外、みんな楽しそう……

異性に対して苦手意識がある

あなたは同性と異性、どちらのほうが一緒にいてラクだと感じますか？

どちらのほうが一緒にいる時、緊張せずに、自分らしくいられるような気がしますか？

実は、どちらを選んでも問題ありません。同性と一緒にいるほうがラクでも、異性と一緒にいるほうがラクでも、どちらでもいいのです。性別よりも、相手の性格やタイプのほうが重要という人もいるでしょうが、それもそれでいいのです。

では、なぜこのような質問をしたかというと、「異性」と聞くだけでなんだか怖いと感じたり、強い苦手意識を感じたりする人が一定数いるからなのです。

ここから先は、異性という存在に苦手意識がある、そんなあなたにお伝えしたいことです。まずは、実際にあった相談事例をご紹介します。

実際の相談事例

最近、出会いがあるようなイベントに参加しているのですが、異性と二人きりになるとうまく話せません。えっと、正確にはうまく話せないというより怖くて話せないんです。せっかく声をかけてもらっても、苦笑いになっちゃったり、相づちをうつのがやっとで……。
だからなのか、せっかくイベントに参加しても、お付き合いまで進んだことはありません。本気で恋人がほしいと思っているのに、なぜこんなにも異性と話すのが怖いと感じてしまうのか自分でも分からなくて……。

相談者のMさんは、学生の頃から異性と話したり遊んだりすることが苦手でした。話を聞く限りでは、異性からいじめに遭っていたとか、異性にイジワルをされたとか、そのようなことはなさそうでした。というよりも、異性が怖いという意識がずっとあったからこそ、できるだけ異性と関わらないようにして生きてきていました。

だからこそMさん自身、「なぜここまで異性が怖いのかが分からない」と困惑していたのです。

このような「特別な理由が思い当たらないのに異性が怖い」というケースにおいて原因を探っていくと、親や祖父母といった身近な大人に行き着くことがあります。

例えば父親が怒鳴る人だったから「怒鳴る男性が怖い」、母親があれこれ口出しする人だったから「年上の女性が苦手」という具合です。**子どもの頃に感じた気持ちを大人になっても無意識に引きずったままにしているというケースは、本当によくあります。**

ですがMさんの場合は、違いました。祖父母はMさんが生まれる前に他界しており交流はなく、両親共にとても優しい人で、今も週に一度、実家で食事をする仲だといいます。

そこで「怖い異性」と聞いてどんな人をイメージするかと質問したところ、Mさんは次のように話してくれました。

「どんな人……というのとはちょっと違うかもしれないですけど、中学2年生の時に通っていた塾の先生が怖かったですね。本当によく怒鳴る先生で、声は大きいし、言葉遣いは荒いし。宿題を忘れようものなら、そりゃもう大変ですよ！　今思い出しても、ぞっとします。週に2回通ってたんですが、塾に行く時間になるとお腹が痛くなったりして。結局、塾の内容についていけなくてやめちゃったんですけどね」

Mさんの場合は親ではなく、当時の塾の先生が異性への恐怖のきっかけでした。その先生が、「異性＝怖い」というイメージをつくり出していたのです。

Mさん自身も話しながらその可能性に気づいたようで、「そういえば、その頃からです！　異性が怖いと思ったのは。それまでは異性のお友達とも遊べていたんですが、なんとなくその頃から避けるようになった気がします。いや、でも、まさか、こんな昔のできごとをずっと引きずっていたなんて……」と驚いていました。

このようにたったひとりの存在が、異性全体への警戒の引き金となることは珍しくありません。異性から直接怖い目に遭わされなくても、**怖い目に遭った人を見聞きすることで**

異性に対する恐怖心が芽生えることもあります。

怖い目に遭うというと、恐ろしいことをイメージする方もいるかもしれませんが、その度合いは実にさまざまです。

人に話すのがためらわれるような性被害のこともあれば、異性からからかわれたことが傷になったり、遊びの中で異性に追いかけられたことがあまりに嫌だったり、異性からきつく怒られたことに恐怖を覚えたりすることもあります。

ここで重要なのは、客観的な事態の大きさや深刻さではありません。

誰かから見たら大したことではないとしても、もっとひどい目に遭った人がいるとしても、あなたが今「異性が怖い」「異性が苦手」だと感じているのなら、**あなたにとってそれほど大きなできごとだった**ということなのです。だから、「これくらいのことで」と思う必要はまったくありません。

異性に対してなぜか苦手意識があるという人は、子どもの頃に身近な大人に対して苦手意識を抱いていなかったか振り返ってみてくださいね。
もしも思い当たることがなければ、Ｍさんのように「苦手な異性」「怖い異性」と聞いてイメージする人がいないか探してみましょう。

異性に対する苦手意識や不安を軽くする一番の近道は、何が引き金になっているのかを知ることです。**何が引き金になっているかを見つけたら、それがどのようなできごとであっても、自分で自分を否定しないことも大切です。**

嫌だった、怖かった、苦手だった、辛かった、やめてほしかった……自分が当時感じた気持ちをそのまま受け止め認めてあげることができれば、未消化だった当時の気持ちが少しずつ落ちつき、今感じている恐怖や不安をやわらげる効果がありますよ。

ついでにこれやっといて。
はーい…
ついでって何だよ！
どうせ暇でしょ？
急ぎでヨロシク～
あはは…
キィーっ！ムカつく！
あとさー
ぐだ
ーー!!
ぐだ
…
ぐだ
ちょっと～聞いてる？
プッツン
もう、いいかげんにしろーー！
あぁー！またやってしまった！

怒りの感情を抑えられず爆発してしまう

どんな人でも生きていれば、怒りの感情が爆発することがあります。

我慢ばかりしてきた人が「これ以上は我慢できない」と限界に達して怒りが出ることもあれば、自分の感情を押し殺して何かに耐え続けていた人が「これ以上は耐えられない」というふうに感情があふれ出ることもあります。

我慢したものが多ければ多いほど、耐えた期間が長ければ長いほど、抑え込んだ感情が強ければ強いほど、怒りの感情は大きくなるのです。

怒りの感情が爆発するパターンは、大きく分けて2つあります。

1つめは、**自分より弱い立場の人に怒りの感情が爆発するケース**。

自分にそれほど大きな影響を与えない人に対して、強い怒りが出ます。**自分より強い立**

場の人への我慢、さらには身近な人に言えない気持ちや抑え込んだものが、自分を攻撃しない他者に向いているような状態です。怖い上司には我慢をして、その分、おとなしい部下に強くあたってしまうようなイメージです。

2つめは、**家族や恋人、友達など、身近な人に怒りが爆発するケース。**

いろいろな人に気を使っていたり、どう思われるかが気になって他人に自分の意見を言えないなど、長年のストレスの蓄積が怒りとなって身近な人に向いてしまいます。**自分が信頼している人や自分を傷つけない優しい人、もしくは自分を受け入れてほしいと思う相手に対して怒りが爆発しやすいのが特徴です。**

この2つめのパターンについて、実際にあった相談事例をご紹介します。

実際の相談事例

パートナーとは、付き合って10年以上になります。付き合い始めた当初から、私がひどいことを言って困らせてしまうことはありましたが、最近になってその頻度が増えてきて……。

パートナーは優しい人なので、こんな私でも「一緒にいたい」と言ってくれています。だけど、このままでは私に愛想を尽かし、別れを切り出されてしまいます。だから、

こんな自分を変えなければいけないんです！

相談者Ｙさんは、穏やかな人でした。事実、パートナー以外にひどいことを言ったり、突然誰かに怒りが爆発するようなことはこれまで一度もないといいます。それどころか誰かに対して自分の意見を言ったり、感情をぶつけるのが苦手で、その場では我慢してしまい、ひとりになった時に「ああ言えばよかった」「こうすればよかった」と後悔することが多いのだそうです。Ｙさんの怒りが爆発するのは、パートナーにだけだったのです。

そこで、「自分の気持ちを我慢するようになったのは、いつ頃からですか？」と質問したところ、Ｙさんは「子どもの頃からずっとそうだった」と答えました。両親はＹさんが子どもの頃から仲が悪く、顔を合わせればしょっちゅう喧嘩をしていました。大きな声で言い争うこともあれば、物が飛ぶほどのこともあり、家にいるのが本当に怖かったといい

ます。そんな環境では自分の気持ちを両親に聞いてもらうことなどできず、寂しい時も、辛い時も、悲しい時も……ずっとひとりで頑張って乗り越えてきたのです。

子どもの頃に抑え、我慢した感情というのは、勝手に消えてしまうことはありません。Ｙさんの場合は、自分を受け入れてくれる相手（パートナー）が現れたことで、**子どもの頃は我慢するしかなかった気持ちが「怒り」という形で表出していました。**

怒りが抑えられないというとダメなことに聞こえるかもしれませんが、怒れなかったＹさんの場合は、やっと怒りを出せるようになったとも言えます。今までできなかったことが、やっとできるようになったとも言えるのです。

Ｙさんのように怒りが爆発する自分を責め、「我慢が足りないからだ」「感情がコントロールできていない」と落ち込む人は多いのですが、むしろその逆です。**我慢強く、自分の感情をコントロールできる人ほど、怒りの感情が爆発しやすい傾向があります。**

怒りが抑えきれなかった時のことを思い出してみてください。

怒りが爆発する前まで、あなたはたくさんのことを我慢してきたのではないでしょうか。特に何もないのに急に怒ったのではなく、我慢の限界が来て怒りが爆発したのではないでしょうか。もしそうなら、あなたは十分に我慢強い人です。

さらには怒りがコントロールできていないのではなくて、**コントロールできないほどのできごとがあった可能性はないでしょうか。**

怒りの感情が爆発するのは、何かが限界に達した時。つまりあなたは、爆発するまで何度も怒りをコントロールしてきたはずです。だから、「感情がコントロールできていない」だなんて、自分を責める必要もありません。

骨が折れるようなけがをしてしまった人に、「次は、骨が折れないように頑張れ」なんて言いませんよね。まず必要なのは、折れた骨が回復するまでゆっくり休むことです。

それと同じで、怒りの感情が爆発するほど我慢して耐えてきた自分を「よく今日まで頑張った」と認めたうえで、おいしいものを食べたり、ゆっくり休んだりして、心と体を回復させてあげましょう。

あなたの我慢が足りないから怒りが爆発したわけでもなければ、あなたが怒りっぽいわけでもありません。**急激に爆発するような怒りは、過去から今に至るまでの蓄積です。**だから感情の爆発を避けるためには、感情を抑え込まないこと。**我慢しすぎないことが、大切です。**

「大切な人の前で怒りの感情を爆発させたくない」と思えるあなただからこそ、**怒りを小出しにしたり、自分の気持ちを伝えるようにしたりしましょう。**我慢が減れば、怒りの感情をため込むことがなくなり、結果として怒りは爆発しにくくなります。

怒りを無理に抑え込もうとしても、いずれまた爆発してしまいます。

まずは小さな我慢を減らしてみてくださいね。

CHAPTER 4

今より少し心が軽くなる

電気の消し忘れや、鍵の閉め忘れが あまりにも気になりすぎてしまう

電気の消し忘れや、鍵の閉め忘れがあまりにも気になりすぎてしまう

実際の相談事例

家の鍵を閉めたかどうかが、気になりすぎてしまいます。ふつうの人以上に、あまりにも気になるのです。

家を出たあと、鍵を閉めたかが心配になって家に戻り、約束や仕事に遅刻したこともあるほどです。実際に鍵を閉め忘れていたことはないのですが、もし閉まっていなかったらと心配になって、怖くなって……確認しなければ気が済まないのです。

家の鍵を閉めたかどうかが気になって確認しに戻ったり、電気を消し忘れたかどうかが

心配になるという経験は、誰でも一度はあると思います。ですから、どれくらいまで気にするのがふつうで、何回までの確認なら問題ないのかという明確な線引きはありません。

重要なのは、**今の状態があなたの生活に支障をきたしているかどうか**です。

多くの場合、不安なイメージと行動がセットになることで生活に支障が出ます。自分の意思だけでは、確認行動を止められなくなってしまうからです。

相談者Tさんの場合は、「もし鍵を閉めていなかったら……」という不安なイメージと、確認しに家に戻るという行動がセットになることで、日常生活に支障をきたすようになっていました。

不安から確認行動がやめられない状態というのは、次の①〜④を繰り返している状態です。

①不安なイメージが浮かぶ
②不安でいてもたってもいられなくなる
③不安を消すために、確認するという「行動」を起こす

④行動することで、不安が消える
⑤「①〜④」を繰り返す

先ほど、不安なイメージと行動がセットになることで生活に支障が出ますとお伝えしました。なぜこの2つがセットになってしまうのかというと、不安なイメージが行動することによって消えるからなのです。

だから、不安なイメージを消すために確認行動をとります。確認行動をとることでいったん不安は消えますが、また不安が出た時には確認行動をとってしまいます。不安を消すための唯一の手段が、確認行動だからです。

このような負のループから抜け出すためには、次のような状態にもっていかなければいけません。

①不安なイメージが浮かぶ
②不安でいてもたってもいられなくなる
③確認しない（行動しない）

④「②」をはるかに超える不安や恐怖を感じるが、それでもなんとか耐える

⑤不安なイメージが浮かばなくなったり、不安なイメージが浮かんでも確認しないで済むようになる

「④」の状態を耐えられるようになれば、日常生活に支障をきたさないレベルの「気になる」に変化していきます。気になりすぎることは減り、気になったとしても確認行動をせずに済むようになります。

……なのですが、この段階がとにかく難しいのです。不安やパニックなどの症状が強く出る場合には、薬が処方されることもあります。

このようなことをお伝えしたのは、あなたを不安にさせるためでもなければ、難しいからあきらめましょうと提案するためでもありません。それほど克服が難しい状態なのだ、ということを知ってほしかったからなのです。

このことを知らないせいで、必要以上に自分を責めてしまったり、身近な人から責められたりして辛い思いをする人をたくさん見てきたからこそ、あなたに知ってほしかったの

です。

確認行動がやめられない場合にはまず、**何に対して不安や恐怖を感じているのかを自分自身が理解する必要があります。**

Tさんの場合は、「泥棒が家に入ること」「家の中のものを盗まれてしまうこと」「家に帰った時に知らない人がいるリスク」の3つが挙げられました。子どもの頃にニュースか何かで見聞きした、「鍵の閉め忘れで泥棒が家に入り、家の中はめちゃくちゃ。たまたま帰宅後に鉢合わせした住人が、犯人にけがを負わされてしまった」という恐怖のイメージがとても強烈に焼き付いていたのです。

何に不安や恐怖を感じているのかが理解できたら、自分の確認行動について書き出していきます。そのうえで、どうすれば確認行動が1～2回で済ませられるかについて考えていきます。

Tさんの場合は、「鍵を閉めたか何度も確認する」でした。鍵を閉めたかどうかに不安や恐怖を感じて確認しに戻ってしまう場合には、「鍵を閉めた」と納得できる材料があれば、何度も確認せずに済む可能性があります。
実際にTさんが試したのは、次の3つです。

①鍵を閉める時に「ガチャッ」と口に出すことで、閉めたことを意識する。
さらには、閉めたあとに指差し確認する。
②鍵を閉めたあと、10秒数えてから、もう一度だけ確認する。「よし、閉めた」と口に出す。
③鍵を閉めた自分の様子を動画で撮影する。

①については、特に効果を実感できませんでした。②はうまくいくこともあれば、心配になって確認行動をしてしまうこともありました。
一番効果があったのが③です。あとで動画を見返すことで、確認しに戻らなくても「大丈夫。閉まっている」と自分自身を安心させることに成功しました。さらには、確認しに戻らなくても、自分が思っているような不安なことは起こらないということをTさん自身が次第に理解していきました。Tさんの場合は、②と③を組み合わせることによって、確認行動がわずか4か月でなくなったのです。

誰かに「そんなことは起こらないよ」「心配しすぎだよ」と他人事のように言われたところで、苦しんでいる本人はそう思えないものです。でも、自分自身で「そんなことは起こらない」という体験を積み重ねることができれば、人は納得し受け入れることができます。

確認行動をやめるのは、想像以上に大変です。1回うまくいったからといって、次もうまくいくとは限りません。しばらくうまくいっていても、不安や恐怖に負けてしまうこともあります。最終的には確認行動をやめることができたTさんの場合も、その繰り返しでした。

だからこそ、落ち込みそうな時には、それくらい難しいことに挑戦しているのだと自分を肯定してみてください。

不安や恐怖からパニックになりそうな時には、「これは、想定内だ」「不安や恐怖が強くなるのは通過点だ」と自分自身に言い聞かせる方法も有効です。

ひとりで取り組むのが難しいと思えば、Tさんのように医師やカウンセラーと一緒に問題に取り組んだり、信頼できる人の力を借りたりするのも1つの手です。

「うまくいくこともあれば、うまくいかないこともある」

「1回うまくいかなくても、また挑戦すれば大丈夫」

ということをどうか忘れないでください。


挑戦し続けることをやめることさえしなければ、あなたも確認行動から抜け出せます。

何があっても自分を責めず、自分を信じることから始めましょう。

60%の力で頑張る。
無理しないでおく。
ほどほどでいい。
それってどれくらい？
どうやるの？
お兄ちゃんはできるのに。
なんでできないの？
もっとできるでしょ!
頑張ってやっと人並みなのに。
……。
頑張っても認めてもらえないのに。
スゴイ!
さすが〜
頑張らない私にはきっと価値がない。
休日にも仕事しちゃうー
だから、「頑張らない」がよく分からないし、
頑張らなくていいと思えない。

休むのが苦手で、とにかく何かをやっていないと落ち着かない

実際の相談事例

先月体調を崩してしまい、会社の産業医からもっと力を抜いて、休む時にはしっかり休むように言われてしまいました。そんなこと言われても、ほどほどでいいとか、60％でいいとか、頑張りすぎないでおく……ということができません。仕事だけではなく、プライベートもそうなのです。休日にも休むのが苦手で、とにかく何かやっていないと落ち着きません。どうやったら休めるようになるのでしょうか？

相談者Mさんは、休むのが苦手で、とにかく何かやっていないと落ち着かないタイプの人でした。

体調を崩して会社を休んでいる期間でさえ、「時間を無駄にしたくない。何か今の自分にできることはないだろうか……」と語学の勉強をしていたほどです。やりたいことがあるから楽しんでやっているというよりは、**「やらなければいけない」という不安や焦りに駆り立てられている様子**でした。

休むことが苦手なのがダメ、何がなんでも休まなきゃいけない、ということではありません。じっとしているのが苦手で、休んでいるよりも動いているほうが好きだし楽しいという人もいます。自分のやりたいことのために行動しているのであれば、疲れてしまったとしても満足感が得られますから、それはそれでいいのです。

ですが、相談者Mさんのように、休みたいのに休めない場合は苦労します。休みたいという自分の欲求は満たされず、無理やり動き続けたことによるストレスや疲れだけが蓄積されてしまうからです。

休みたいのになぜか休めないのには、「休んではいけない」という何かしらのブレーキが働いています。まずは、このブレーキがなんなのかを探すことから始めましょう。

多くの場合、ブレーキのきっかけは子どもの頃にあります。

ブレーキの原因を探すために、次のような言葉を口に出してみてください。

私は、元気でも休んでいい
私は、遊んでいてもいい
私は、これ以上頑張らなくてもいい
私は、遊んでからやるべきことをしてもいい

いかがでしょうか。

これらの言葉を口に出した時にスッキリしたり、「その通りだなぁ」と納得できましたか？

それとも、モヤモヤしたり、「そんなわけがない」と反論したくなったでしょうか？

ブレーキを探すうえで重要なのは、**モヤモヤしたり、反論したくなった言葉**です。

Mさんの場合は、すべての言葉に対して、反論の気持ちが出てきました。「そんなんじゃダメだ」「そんなことでは人は認めてくれない」「できる自分でなければ価値はない」という思いがあふれてきたのです。

話を聞くと、Mさんは子どもの頃からずっと、親は「できる自分」しか愛してくれないと感じていました。

親が褒めてくれるのは何かで1位になった時だけ。どれだけ頑張った結果だとしても、1位でないと見向きもしてくれませんでした。第一志望の高校に落ちた時に、母親が泣きながら言い放った「あなたにはガッカリした」「そんな出来損ないだと思わなかった」という言葉は、今でも時々思い出して苦しくなるのだといいます。

Mさんのように**できる自分しか愛してもらえなかった場合、完全であろうと努力し続けます。**できない自分には価値がないと思うからです。

休むことや楽しむことを子どもの頃に封じられている場合は、休むことや楽しむことに罪悪感を抱きます。**休んでいる時に、「こんなことをしていていいのか」「ダメな人間になるのでは」と焦りや不安が出やすいです。**

結果を残せなかった時にひどく傷ついた経験がある場合には、結果を残すことに何よりもこだわるようになります。**自分が頑張ったかどうかではなく、結果を残せたかどうかだけでジャッジします。**

結果を残せなかった時には「頑張った」という過程を肯定できず、結果を残せない自分を責めてしまいがちです。かつて親がそうしたように、自分自身に厳しく接してしまいます。

このように過去のできごとがきっかけで、休むことやリラックスすることが苦手になることがあるのです。

だからまずは、何が休むことのブレーキになっているのかを探してみましょう。

どんなささいなことでもかまいません。**今も思い出すということは、あなたにとって何か意味のある記憶のはず。**どうでもいいことなら、とうに忘れてしまっているはずですから。

大人になったあなたにとっては大したことはないと思えるようなできごとだとしても、

子どもの頃のあなたには、とても大きなできごとだったかもしれないのです。

何がブレーキになっているかが見つかったら、次は自分に許可を出していきましょう。

子どもの頃は、親がダメだと言えばダメでした。親が良い顔をしなければ、ダメだと察したこともあったでしょう。

でも、大人になったあなたはもう、ダメかどうかを自分で決めることができます。**仮に親がダメだと思ったとしても、あなたにはもう「自分でやるための力」がちゃんと備わっています。**

休めない状況から抜け出すために一番効果的なのは、「休んでいい」と自分自身に許可を出すことです。

休んでいいと思えないなら、無理やり休んでしまう方法もあります。**休みをスケジュールに組み込んでしまうのです。**

スケジュールに組み込んでしまえば、休みは予定に変わります。「予定をこなした」と捉え直すことで、休むことへの罪悪感は減らせます。

これまで過去の何かのせいで「休んではいけない」「頑張らなくてはいけない」と頑張り続けてきたあなたに、「休んでいいよ」と許可を出してあげられるのは、あなただけです。

大丈夫。

今のあなたは、自分で自分に「休んでいい」と許可を出すことができます。

相手から返事がこないと
明日は、何時に会えそう？
既読
ソワソワする。
おっ
ピコン
返事がきてよかったー
ホッ
でも
返事遅すぎ。私のことなんて忘れてたんでしょ 最低。
本当は返事がきて嬉しいのにー
なぜかいつもひねくれたことを言ってしまう。
心配したよ。
寂しかったよ。
連絡くれてありがとう。
あちゃー
怒らせちゃった
なんでいつもそんな言い方するの!?
そんなふうに素直に言えたらいいのにな。

ストレートに感情表現できない

実際の相談事例

素直に気持ちを伝えるのが苦手で、人が離れていってしまいます。お付き合いしている人がいるのですが、しばらく連絡がないと不安になって、なんで連絡くれないの⁉　と怒ってしまいます。私のことなんて好きじゃないんでしょ？と試すようなことを言って困らせてしまったり……。もういいかげん、愛想を尽かされてしまいそうです。

こんなにもひねくれた私の性格をなおすことは、可能でしょうか？

寂しい。楽しい。会いたい。そばにいてほしい。抱きしめてほしい。好き。嫌い。これが欲しい。これはしたくない。
このように自分の気持ちをストレートに表現できる人もいれば、相談者Sさんのようにそれが苦手な人もいます。

最近の風潮として「ストレートに自分の気持ちを表現できたほうがいい」というのがありますが、必ずしもそうとは限りません。なんでもかんでもストレートに表現すればいいというものではありませんし、ストレートに感情表現する人が苦手だという意見も案外多いものです。

だからもしあなたが、ストレートに感情表現できないタイプの人だとしても、そんな自分を責める必要はまったくありません。そんなあなたを**「良い」と言ってくれる人もいれば、一緒にいてラクだと感じる人もいるはずだからです。**

ですが、もしもあなたがSさんのようにストレートに感情表現できないことに悩んでいるのなら、これからお伝えする方法が役に立つはずです。

ストレートに気持ちを伝えるのが苦手な人には、2つのタイプがあります。

まずはあなた自身が、どちらのタイプなのかについて考えてみてくださいね。


1つめは、**自分の気持ちがそもそも分かっていないタイプ。**

子どもの頃に我慢が多かったり、感情を表現することを抑えてきた人に多く見られる傾向があります。

ある特定の感情が分からないという場合には、第1章の28ページを参考に、自分がどのような気持ちなのかを知ることから始めましょう。そのうえで、**「ほかの人と同じように、自分もストレートに感情表現してもいい」と自分自身に許可を出す**ことが効果的です。


2つめは、**遠回しに自分の気持ちを伝えるタイプ。**

子どもの頃、自分で考え行動するよりも、**親の言う通りに行動することを強制された人**に多く見られます。子どもの頃に親からの指示や指摘が多すぎる場合には、大人になってから他人からの指示や指摘に敏感に反応します。直接相手と戦うわけではないけれど、**頭の中で他人と戦ってしまう**というのもよく見られる傾向の1つです。

このタイプの人は、自分の気持ちを素直に伝えるのが苦手です。苦手というより、**子どもの頃に素直に感情表現をしても親に通用しなかったから、ストレートに感情表現をしなくなった**、と言ったほうがいいかもしれません。

1つめのタイプとは違い、自分の気持ちはハッキリしているので、ストレートに表現する代わりに、遠回しな表現で相手に自分の意思や気持ちを伝えようとします。

例えば、相手から連絡がなくて寂しかった時。ストレートに表現できる人は「連絡がなくて寂しかった」とストレートに気持ちを伝えます。さらには、「次からは連絡してほしい」とストレートにお願いできます。

でも、このタイプの人は、ストレートに気持ちを言う代わりに「私のことなんて好きじゃないんでしょ」と遠回しな表現になりがちです。さらには、お願いする代わりに「なんで連絡くれないの!?」と怒りで表現することもあります。

このタイプにおいて効果的なのは、**「私」を主語にして気持ちを伝える方法**です。遠回しな表現になる時には、「相手」が主語になっています。

このことについて、先ほどの例で考えてみましょう。

「なんで連絡くれないの!?」は、主語が相手。「(あなたは)なんで連絡くれないの!?」というふうに伝えています。**この主語を相手から私に変えると、**「私はあなたから連絡がほしい」という表現になります。

このように相手に気持ちを伝える時に、**主語を「私」に変えるだけで、遠回しな表現はあっという間にストレートな表現へと変わります。**「私」を主語にしながら、遠回しに表現するのはとても難しいからです。

ただし、主語を「私」にして話すのには慣れが必要です。だから、そんなことできそうにないと思ったとしても、まったく心配いりません。これまでとは違う思考回路で考え表現するには、練習が必要なのです。

相談者Sさんの場合は、**ひとりの時に主語を「相手→私」に変換する練習を行うことから始めました。**Sさんは、過去を思い出して頭の中で誰かと戦ったり言い争うことが多いということだったので、**頭の中で「私」を主語にして気持ちをストレートに伝えてみてもらったのです。**このようにして、頭の中でしっかりとイメージトレーニングを積み重ねました。

このような練習を2週間続けてもらい、Sさんは「私」を主語にして自分の気持ちを伝えることに慣れていきました。さらには会社の同僚や友達、親に対して、「私」を主語にして自分の気持ちをストレートに伝えられるようになっていったのです。

取り組みから1か月たった頃、「以前と比べて人と衝突することが少なくなった」と、Sさんは笑顔で報告してくれました。

ストレートに表現できない自分が嫌いになってしまったり、そんな自分の性格が嫌だという人は多いです。でも**ストレートに表現できないのは、性格のせいではないことのほうが多いのです。**性格を変えるのは大変ですが、**相手への伝え方を工夫することはできます。**

だからこそ、**今のあなたを無理に変えようとするのではなく、**伝え方を工夫してみてくださいね。

バッグ買ったの？
私も買ってもらったんだー
フフ 新作〜
……。
どうせ自分で買いましたよ！
のんびりできてうらやましいー
私なんて予定ぎっしりー
あ。ごめん 電話だー
またお誘いー
Pipipi
どうせ友達いませんよ！
温泉行ったの？
私は来月、ハワイ行くよー
国内旅行は安くていいよねー
おみやげありがと〜
どうせお金ないですよ！
私はマウントをとられやすい。
その場ではうまく言い返せないけど……
ダンッ
思い出すとやっぱ腹立つ〜

他人から馬鹿にされたり、マウントをとられやすいと感じる

実際の相談事例

子どもがいないと自由な時間があってうらやましいとか、学歴がどうだとか……ことあるごとにマウントをとられます。自分へのご褒美にちょっといいバッグを買った時には、独身だから自由にお金が使えるのがうらやましいと言われて、とても悔しかったです。

マウントは相手にしないのが一番といいますが、もっと自分が強ければうまく言い返せるのにと思います。その場では我慢しても、家に帰って「ああ言えばよかった」「こう言ってやればよかった」と考え続けてしまうので、本当は言い返せるようになりたいです。

直接的に相手を見下した発言をすることもあれば、遠回しに自分のほうが上だということをアピールすることもあるマウンティング。もともとはネット界隈《かいわい》で使われていた言葉なのですが、この言葉が広く普及することで「マウントをとられやすい」という悩みを持つ人が増えました。

自分自身のことはもちろん、交際相手や結婚相手のステータスや年収、子どもの学歴など、材料は実にさまざまです。マウントをとる人というのは、あの手この手で、その人の痛いところをついてきます。

周りを見渡してみると、マウントをとられやすい人と、とられにくい人がいることに気づくことがあります。自分だけがマウントをとられているように感じることもあるでしょう。

それはマウントをとる人が、相手を選んでいるからです。

……とお伝えすると、「自分がダメな人間だからだ」「自分に足りないものがあるからだ」と自分側の原因を探してしまう人がいます。でも、**必ずしも自分に原因があるわけではありません。**

何かが相手より劣っているせいということよりも、**うらやましさや嫉妬からマウントをとられるケースのほうが実は多いのです。**

相談者Ｋさんの場合は、周囲と比べると仕事ができるほうでした。子どもの頃から頑張ることで親に認めてもらってきたこともあり、仕事においても「頑張る」がスタンダード。手を抜くということはせず、常に全力で取り組んでいました。それが上司にも評価されていたのです。

Ｋさんに対してマウントをとってきた人たちは、仕事の面でＫさんよりも評価されていない（もしくは自分でそう感じている）人たちでした。仕事の面で負けていると感じているからこそ、仕事以外のプライベートな面でＫさんより優位に立とうとしていたのです。

それとは反対に、プライベートな面で同僚に負けていると感じた人が、仕事や学歴でマウントをとることもあります。「私のほうがあなたより学歴が上だ」「私は○○大学を出ている」と直接マウントをとってくることもあれば、「こんなことも分からないの？」「ふつうはこれくらいできる」というように批判的なことを言われることもあります。

マウントをとってくる人を「マウントをとらない人」に変えることはできません。マウントをとる人は、そうすることで自分自身のプライドを保っているからです。周囲がやめてほしいと願ったところで、やめることはまずありません。

ですから、マウントをとられるのはあなたのせいではありません。

あなたの何かが良いとか悪いとかそういうことが原因ではなく、**とりたい人が勝手にマウントをとっているだけなのです。**

「マウントをとられる自分が悪いのだ」と自分を責めたり、「自分のせいだ」と自分の落ち度を探してしまう人には、まずはそのことを忘れないでいてほしいなと思います。

マウントをとられる側に問題があるのではなく、とる側に問題があるのです。わざわざ言わなくていいことを言われて傷ついているというのに、これ以上自分を傷つけないでおきましょう。

一般に、マウントをとられた場合は相手にしないほうがいいといわれています。へたに反応すると、相手を喜ばせたり、満足感を与えてしまうことがあるからです。いわゆる「かまってちゃんタイプ」の人のマウントに反応すると、面白がってますます仕掛けてくることがありますから注意が必要です。

このようなタイプには「あ、そう？」と軽く受け流したり、「そうなんですね」と興味なさそうにしたり、さりげなく話題を変えたりすることも効果があるといわれています。

それ以外にも、**うらやましさや嫉妬からくるマウントの場合には、できる限り戦わないこと**。応戦すると、「なんとしても負けたくない！」という相手の嫉妬心を膨らませてしまうからです。その結果、相手の攻撃がますますエスカレートしてしまいます。

先ほどと同様にスルーする方法もありますが、**「すごいですね」と褒めてしまうのも1つの手です**。あなたへの敵対心を薄れさせる効果があります。

Kさんの場合は、スルーしても効果がありませんでした。どれだけ受け流しても、興味なさそうにしても、あきらめずにネチネチとマウントをとってくるような相手だったのです。

そこでKさんは、相手を褒めるという手法を試してみました。
「独身は気楽でいいわよね〜うらやましい。私なんて、子どもがいるから毎日忙しいわ」とマウントをとられた時に、「お子さんがいて、仕事も頑張っているなんてすごいですよね」と褒めてみたのだそうです。すると相手はとても驚いた様子で、そそくさと去っていったそうです。それ以来、Kさんはその人からマウントをとられることがなくなりました。

マウントにはスルーするのが一番といわれますが、Kさんにマウントをとってきた人のように、何も言い返さない相手にだけとり続ける人もいます。
スルーしてもやめないような相手には、Kさんのように「あえて反応する」ことが効果を発揮することもあります。マウントにマウントで返すとややこしくなりがちですが、マウントに褒め言葉を返したところでトラブルになることはまずありません。

マウントは、とってくる相手の問題です。だからこそ、あなたのストレスやダメージが少ない方法で対処してみてくださいね。

これについてどう思う？
なんでこうなったと思う？
頭の中には言いたいことがたくさんあるのに
こういう理由で〜
それはきっと〜
それをうまく言葉にできなくて……。
こういう理由で〜
それはきっと〜
だから、うまく話せない。
うまく言えない……
……。
それはきっと〜
ササッ
どう思う？
なんで？
何か言ってよ。
……。
えっと……
自分の考えを伝えるのが苦手だ。

話したいことが　うまく言葉にできない

実際の相談事例

頭の中には言いたいことがたくさんあるのに、いざ人を目の前にすると言葉が出てきません。自分なりの考えも意見もちゃんとあるのに、質問されると言葉につまって、うまく話せません。

もっとみんなみたいに、うまく話せるようになりたいと思っていますが、子どもの頃からずっとこんな感じなので。

たしか、子どもの頃のできごとが大人になっても影響し続けるんですよね？　じゃあ、私はどれだけ頑張ってもうまく話せるようにならないのでしょうか……。

自分の意見がないからうまく話せないこともあれば、自分の意見があるのにうまく話せないこともあります。

自分の意見がないからうまく話せない場合には、第1章の78ページでお伝えした方法が効果的です。**自分で考えられないという、過去に植え付けられた思い込みを捨てることから始めましょう。**

相談者Aさんのように、自分の意見があるのに話せないタイプの多くは、子どもの頃から話すのが苦手です。

親や先生など周囲の大人が聞く耳を持たなかったことが原因で「話しても意味がない」と思うこともあれば、否定的なことを言われて傷つき、「話さないほうがいい」と思うこともあります。

過去の何かしらのできごとがきっかけとなり、頭の中にある自分の意見を「言わない」という選択をしているのです。このような子どもの頃の決断というのは、何かしない限り大人になってもそのまま働き続けます。

このタイプの場合は、自分の考えを話す経験が圧倒的に不足しています。あなた自身の何かが足りないとか、性格のせいでうまく話せないのではなく、**話す経験が周囲の人に比べて足りていないだけなのです。**

相談者Aさんは、「私はどれだけ頑張ってもうまく話せるようにならないのでしょうか」と心配していました。たしかに、子どもの頃のできごとは大人になっても影響を及ぼしますが、その影響が一生涯続くわけではありません。**どのような影響を受けているのかに気づくことができれば、影響をなくしていくことができます。**

Aさんの場合は、「子どもの頃からずっとこんな感じ（質問されると言葉につまってうまく話せない）」ということに自分自身で気がつきました。さらにはカウンセリングでの対話を通して、「自分は話せないのではなく、自分の意見を話す回数が周囲より少なかっただけなのだ」ということにも気づき、納得できたのです。

それからは、話す回数を増やすために練習を重ねていきました。

Aさんの場合は、その日あったことを家に帰ってから「ひとり反省会」で振り返る習慣があったので、その習慣を活用しました。**ひとり反省会で自分を責める代わりに、その場で本当はどんなことを話したかったのかについて掘り下げて考えるようにしたのです。**

この時のポイントは、**紙に書き出すこと。**

アウトプットすることで、自分の意見が明確になります。何を話したいのかはもちろん、どう話せば伝わりやすいのかについても考えることができます。

Aさんの場合は1か月間アウトプットを続けた結果、だんだんと自分の話したいことを言葉にできるようになっていきました。相談から4か月たつ頃には、会議の場でも自分の意見を堂々と話せるまでになったのです。

Aさんが悩んでいたように、頭の中で考えているだけでは言語化しにくいもの。だからこそ紙に書き出して、アウトプットすることで考えを整理していきましょう。

少し面倒だと感じるかもしれませんが、そんな人こそチャンスです。**面倒だと感じると**

いうことは、これまでやっていない可能性が高いからです。
これまでと違う行動は、これまでとは違う結果をもたらしてくれます。
ぜひ試してみてくださいね。

医師やカウンセラーが
苦手だ。
CLIN
はー
ゆううつ……
で、何が言いたいのですか？
あなたよりもっと辛い人がたくさんいる。
まだそんなことを言ってるの？
どうせ誰にも分かってもらえない。
甘い
みんなはできている
それはおかしい
怠けている
話したところで結局、辛くなるだけだ。

医師やカウンセラーが苦手。怖い

実際の相談事例

私は今、37歳で親と同居しています。半年前に通った心療内科でのカウンセリングでのやりとりがきっかけで、カウンセラーというものを信用できなくなりました。当時私は、親のことは好きだけど、行動を監視されたりアレコレ口出しされたりするのがしんどいと相談しました。するとそのカウンセラーは「成人して親と同居して文句を言っているなんて、甘い。親に感謝の気持ちはないのか。私なんて親にまともに世話をしてもらえなかった。それでも私は親に不満を言わない。あなたは、恵まれている」と私を強烈に非難しました。

私も、親に感謝していないわけではありません。それでも「辛いことがある」という気持ちを誰かに聞いてほしかっただけなのです。

こんな悩みを持つ私は、ダメなのでしょうか……。

相談者Mさんは、自身が抱えている問題をなんとかしたいと思いながらも、過去に傷ついた経験からカウンセリングに一歩踏み出せずにいたひとりです。

私は親子問題をメインにカウンセリングに携わってきましたが、このような悩みを抱えている人はとても多いと感じています。

心を軽くするはずのカウンセリングで、ますます生きづらさを抱える人が増えているのです。医師やカウンセラーの一言に立ち直れないほど傷つき、相談に訪れる人があとをたちません。

「30年、どこに行っても理解してもらえなかった」「6か所めでやっと理解してくれる場所に出会えた」「はじめて否定せず聞いてもらえた」と涙を流す方もたくさんいます。

医師やカウンセラーと合わないと感じていたとしても、あなたの何かがダメだとか、あなたの何かが悪いということではありません。**ただ単に、その人と合わなかっただけ**という可能性が高いです。

だから、自分を責めないでおきましょう。あなたのせいではないからです。

権威バイアス、という言葉を聞いたことがあるでしょうか？

地位や肩書によって、その人の言動を正しいと信じ込んでしまうことです。

「有名なあの人が言うのだから間違いない」「医師が言うのだから、きっとそうなのだろう」というふうに、深く考えずに信じ込んでしまうことがあります。

ですが、医師やカウンセラーも、あなたと同じひとりの人間です。知識や経験があっても、あなたを傷つけないとは限りません。わざと攻撃的なことを言ったり、気分次第で雑な対応をしたり、平気で人を傷つけたりする人もいます。

いちカウンセラーとしてお伝えしたいのは、**相手が誰であろうと、あなたを傷つける人**

の言葉はうのみにしなくていい、ということ。何かがおかしいと感じたら、セカンドオピニオンとして第二の意見を求めることをおすすめします。

何かを伝える時に、人を傷つけたり、批判したり、攻撃したりする必要はありません。厳しい言葉を使わなくても、相手に伝える方法はたくさんあります。


理不尽なことを言われたり、ひどく心が傷ついたりした時に、ひどい言葉をそのまま受け入れないでください。

相手が誰であろうと、あなたを傷つけるような言葉を受け入れる必要はありません。

あなたの心を守るために、このことをどうか忘れないでほしいのです。


過去に出会った医師やカウンセラーがあなたを否定したとしても、あなたを否定しない人は必ずいます。**あなたを理解してくれる人も、必ずいます。**

ひとりでも多くの人が、過去の傷ついた経験から抜け出せることを願っています。

[参考文献]

ヴァン・ジョインズ&イアン・スチュアート（著）白井幸子・繁田千恵（監訳）『交流分析による人格適応論』誠信書房（2007）

Beck, A. T. *Cognitive Therapy and the Emotional Disorders*. New York : New American Library, 1979.

Beck, A. T., Rush, A. J., Shaw, B. F., and Emery, G. *Cognitive Therapy of Depression*. New York : Guilford Press, 1979.

［著者］

Poche（ポッシュ）

精神科クリニックに併設のカウンセリングルームで10年以上、心理カウンセラーとして勤務した後、独立。現在は人間関係、親子関係、機能不全家族専門のカウンセラーとしてメールでのカウンセリングを中心に活動。2021年より悩みを抱える人たちに「気づき」を得てもらうことを目的としたTwitterでの発信を開始。メールでのカウンセリング、対面カウンセリングともにいつも予約がいっぱいで、現在も数か月待ちの超人気カウンセラー。著書に『あなたはもう、自分のために生きていい』（ダイヤモンド社）などがある。

X（旧Twitter）@Poche77085714
https://poche862.com/

悪いのは、あなたじゃない

2023年9月12日　第1刷発行
2024年6月20日　第2刷発行

著　者——Poche
発行所——ダイヤモンド社
〒150-8409　東京都渋谷区神宮前6-12-17
https://www.diamond.co.jp/
電話／03･5778･7233（編集）　03･5778･7240（販売）

装幀・本文デザイン——安賀裕子
イラスト——Poche
校正————三森由紀子　鷗来堂
DTP制作——伏田光宏（F's factory）
製作進行——ダイヤモンド・グラフィック社
印刷————堀内印刷所（本文）　新藤慶昌堂（カバー）
製本————ブックアート
編集担当——酒巻良江

ISBN 978-4-478-11874-0